会计学习题集

徐金仙　主编

浙江工商大学出版社
ZHEJIANG GONGSHANG UNIVERSITY PRESS
·杭州·

图书在版编目(CIP)数据

会计学习题集 / 徐金仙主编. —杭州 ：浙江工商大学出版社，2017.3(2023.8 重印)

ISBN 978-7-5178-2024-6

Ⅰ. ①会… Ⅱ. ①徐… Ⅲ. ①会计学—高等学校—习题集 Ⅳ. ①F230—44

中国版本图书馆 CIP 数据核字(2017)第 007707 号

会计学习题集

徐金仙 主编

责任编辑 黄拉拉
封面设计 林朦朦
责任印制 包建辉
出版发行 浙江工商大学出版社
(杭州市教工路 198 号 邮政编码 310012)
(E-mail:zjgsupress@163.com)
(网址:http://www.zjgsupress.com)
电话:0571-88904980,88831806(传真)
排　　版 杭州朝曦图文设计有限公司
印　　刷 杭州高腾印务有限公司
开　　本 850mm×1168mm 1/32
印　　张 6.75
字　　数 174 千
版 印 次 2017 年 3 月第 1 版 2023 年 8 月第 8 次印刷
书　　号 ISBN 978-7-5178-2024-6
定　　价 25.00 元

编写说明

为配合新编《会计学》(徐金仙主编)教材的教学与学习,更好地帮助学生学习、领会、掌握会计的基本概念和基本常识,灵活运用会计报表信息,达到巩固提高学习技能的目的,我们编写了本习题集。

本习题集结合《会计学》教材内容,同时吸收了其他同行编写的长处。本习题集呈现三大特点:

其一,习题集构架由第一篇"会计的基本理论、基本的核算原理和基本的操作技能"、第二篇"财务报表的解读和列报"以及"模拟试卷"三部分组成。前两篇内容是对照教材的十章内容来编制每章应掌握的知识点、基本概念和练习题。故习题集的第一章至第十章均由"掌握的知识点"、"基本概念"和"练习题"三节内容组成。编写"掌握的知识点"、"基本概念"的目的是让学生平时在学习每章内容后,做习题之前,先必须按照知识点和基本概念把该章内容复习一遍,并且在掌握了该章应掌握的知识点和基本概念后,再独立练习习题,养成良好的学习习惯。习题集的第十一章"案例分析汇编"对应教材章节是新增加的,目的是对学生前十章掌握的知识进行拓展,起到理论联系实际的作用;最后模拟试卷部分,起到帮助学生在期末复习后进行自我测试的作用。

其二,练习题部分包含单项选择题、多项选择题、判断题、计算分析题和对答题多种题型,多方位地帮助学生掌握和巩固每章的知识点和基本概念,同时,为了便于学生的复习与自学,大部分习题都附有参考答案。希望学生在自觉、独立完成习题后,再对照答案查找错误,以便核实自己的学习效果。千万不要边参考答案边做题目,否则,将会事倍功半。

其三,为了帮助学生能够将课本知识灵活运用,分别按教材的第一篇会计的基本理论、基本的核算原理和基本的操作技能和第二篇财务报表的解读和列报的学习目的不同,习题编排的侧重点也有所不同,尤其在第十一章专门收集了与教材每章内容相关的案例进行了分析，帮助学生活学活用书本知识，提高解决实际问题的技能。

本习题集由浙江工商大学财务与会计学院徐金仙老师担任主编，负责全书的架构、总纂以及案例的搜集和汇编等工作。具体分工如下：第一、五章由陈引老师编写；第二、六章由胡霞老师编写；第三、七、八章和十一章由徐金仙老师编写；第四章由杭州商学院邢莉萍老师编写；第九章由杭州商学院严倩老师编写；第十章由杭州商学院吴丽丽老师编写。模拟试卷主要摘自往年的考试试卷，由徐金仙和严倩老师提供。

编写过程中难免有疏误之处，恳请读者批评指正。

徐金仙

2016 年 12 月

目　　录

第一篇　会计的基本理论、基本的核算原理和基本的操作技能

第二篇　财务报表的解读和列报

模拟试卷

第一篇　会计的基本理论、基本的核算原理和基本的操作技能

第一章　绪　　论

本章是《会计学》课程的重点章节也是开篇章节，通过本章的学习，一方面可以帮助学生将掌握会计的产生与发展历史、会计的基本理论、基本概念等一系列基础知识点，为学生进入后续章节的学习打下扎实的理论基础。另一方面也可以通过对会计基础知识的介绍，比如：会计法规基础，会计学科体系等内容，让学生对会计相关知识有全面的了解，为后面学习提供法律、制度及其他相关知识的补充。本章学习必须掌握的知识点和基本概念如下：

掌握的知识点

1. 了解会计的产生与发展历史，包括会计产生与发展的三个阶段，各自特点及对会计的贡献。

2. 理解会计的含义、职能、目标，包括对于会计管理活动论与信息系统论的内涵与区别的理解，对会计反映、监督等基本职能的理解及衍生职能知识的拓展。

3. 理解会计基本前提和会计信息质量要求，包括四大假设及会计基本准则的主要内容。

4. 重点掌握会计要素，会计等式，会计等式中资产、负债、所有者权益，收入、费用、利润的概念及各要素之间的关系。

5. 理解会计要素的确认和计量，即理解会计六大要素以及上述要素的确认与计量的要点。

6. 了解会计规范，即了解会计法规体系的各个构成，主要理解会计的基本假设及会计基本准则的主要内容——会计信息质量特征。

掌握的基本概念

会计　会计对象　会计目标　会计职能　会计反映　会计确认　会计计量　会计监督　会计等式　会计准则　会计假设　会计主体　持续经营　会计分期　货币计量　计量尺度　计量属性　历史成本　重置成本　可变现净值　现值　公允价值　会计要素　资产　负债　所有者权益　收入　费用　利润　会计信息质量可靠性原则　谨慎性原则　可比性原则　实质重于形式原则　重要性原则

练习题

一、单项选择题(在备选答案中选取一个最佳答案)

1. 明确会计工作时间范围的会计基本前提是(　　)。

A. 会计主体　　B. 权责发生

C. 会计分期　　D. 货币计量

2. 明确会计工作空间范围的会计基本前提是(　　)。

A. 会计主体　　B. 持续经营

C. 会计分期　　D. 货币计量

3. 相关性原则是指会计核算所提供的信息资料应与(　　)。

A. 会计信息使用者的决策相关

B. 运用会计核算方法的选择相关

C. 企业内部设置管理机构的需要相关

D. 企业会计人员的水平相关

4. 选择计量属性是会计核算的基础，一般情况下，日常核算应选择的计量属性是(　　)。

A. 公允价值　　B. 可变现净值

C. 现值　　D. 历史成本

5. 某企业资产总额 300 万元，当发生下列经济业务后：(1)赊购商品 20 万元;(2)收到应收账款 30 万元存入银行;(3)用银行存款偿还银行借款 15 万元,其负债及所有者权益的总计是(　　)。

A. 305 万元　　B. 365 万元

C. 325 万元　　D. 350 万元

6. 下列类型中,属于经济业务的有(　　)。

A. 资产增加,负债减少　　B. 资产增加,所有者权益增加

C. 负债减少,所有者权益减少　　D. 负债增加,所有者权益增加

7.(　　)是设置账户、复式记账和编制会计报表等会计核算方法建立的理论依据。

A. 资产=负债+所有者权益

B. 收入-费用=利润

C. 资产=负债+所有者权益+(收入-费用)

D. 复式记账原理

8. 下列各项中,管理会计主要为(　　)提供会计信息。

A. 国家管理部门　　B. 企业的股东

C. 企业内部管理者　　D. 行业协会

9. 下列各项中,体现谨慎性原则要求的是(　　)。

A. 无形资产摊销　　B. 应收账款计提坏账准备

C. 存货采用历史成本计价　　D. 当期销售收入与费用配比

10. 重置成本作为会计计量的属性之一,其应用的范围是(　　)。

A. 购买材料　　B. 购买一台七成新的设备

C. 盘亏一台设备　　D. 盘盈一台设备

11. 根据我国会计准则规定:企业会计核算的基础是(　　)。

A. 收付实现制　　B. 实地盘存制

C. 权责发生制　　D. 永续盘存制

12. 融资租入固定资产按其成本记入企业资产总额,是遵循以下(　　)原则。

A. 谨慎性　　B. 实质重于形式

C. 及时性　　D. 重要性

二、多项选择题（下列各题，有两个或两个以上符合题意的正确答案，请将正确答案填入括号内）

1. 下列各项中，企业能够确认为资产的有（　　）。

A. 融资租入的设备

B. 经营租入的设备

C. 已收到发票，但尚未到达企业的原材料

D. 委托代销的商品

2. 下列各项收到的款项中，属于“收入”的有（　　）。

A. 出租固定资产收到的租金　　B. 销售商品收取的增值税

C. 出售原材料收到的价款　　D. 出售无形资产收到的价款

3. 下列各项中，符合资产定义的有（　　）。

A. 委托加工物资　　B. 尚待加工的半成品

C. 受托代销商品　　D. 融资租入的固定资产

4. 收入确认的条件之一是经济利益很可能流入企业。下列各项中可以体现经济利益流入企业的具体形式有（　　）。

A. 应收账款增加　　B. 预收账款减少

C. 银行存款增加　　D. 库存现金减少

E. 预付款项减少

5. 费用确认的条件之一是经济利益很可能流出企业。下列各项中可以体现经济利益流出企业的具体形式有（　　）。

A. 银行存款减少　　B. 应付账款减少

C. 库存现金增加　　D. 库存现金减少

E. 短期借款减少

6. 经济业务发生后，引起会计要素增减变动的类型有（　　）。

A. 资产项目之间此增彼减，增减金额相等

B. 负债和所有者权益项目之间此增彼减，增减金额相等

C. 资产项目和负债及所有者权益项目同时增加，双方增加金额相等

D. 资产项目和负债及所有者权益项目同时减少，双方减少的金额相等

E. 负债和所有者权益项目之间同增同减，增减金额相等

7.(　　)是反映企业财务状况的会计要素。

A. 资产、负债　　B. 所有者权益

C. 收入、费用　　D. 利润

8.(　　)是反映企业经营成果的会计要素。

A. 资产、负债　　B. 所有者权益

C. 收入、费用　　D. 利润

9.资产应具备的基本特征有(　　)。

A. 资产由企业过去的交易或事项形成

B. 资产是由企业拥有或控制的

C. 资产必须是投资者投入的

D. 资产预期能为企业带来经济利益

10. 所有者权益的来源包括(　　)。

A. 所有者投入的资本　　B. 发生的利得和损失

C. 盈余公积　　D. 未分配利润

11. 企业资产的来源包括(　　)。

A. 所有者投入的资本

B. 企业借入的资金

C. 盈余公积

D. 其他单位临时存放的原材料

12. 会计计量重要内容有(　　)。

A. 计量尺度　　B. 权责发生

C. 计量属性　　D. 收付实现

三、判断题(在每小题后面的括号内填入判断结果，正确的打“√”，错误的打“×”)

1.企业过去或未来交易或事项形成的预期会导致经济利益流出企

业的义务就是负债。 ( )

2. 已完成销售手续,但购买方在当月尚未提取的产品,销售方仍应作为本企业库存商品核算。 ( )

3. 会计主体一定具有法人资格。 ( )

4. 按照我国《企业会计准则》规定,在我国境内经营的企业,会计核算只能以人民币作为记账本位币。 ( )

5. 企业任何一项经济业务的发生,都会引起会计等式两边金额发生增减变化,但不会破坏等式的平衡关系。 ( )

6. 资产必须是企业拥有的资源。 ( )

7. 一项业务作为负债确认,一般要有确定的金额。如果没有确定的金额,也可以采用一定的方法对其进行估计,以估计的金额确认其入账价值。 ( )

8. 当企业改变会计政策后能够更恰当地反映其财务状况和经营成果时,企业可以对其采用的会计政策作出变更,这并不违反会计核算的可比性要求。 ( )

9. 企业对其所使用的机器设备、厂房等固定资产,只有在持续经营的前提下才可以在其使用年限内,按照其价值和使用情况,确定采用某一折旧方法计提折旧。 ( )

10. 只要是企业在日常活动中形成的、会导致所有者权益增加的经济利益的总流入,就是收入。 ( )

11. 货币计量的假设是指会计计量必须全部采用货币作为计量尺度。 ( )

12. 企业会计年度一般就是该国的财政年度。 ( )

四、计算分析题

(一)某企业 7 月份发生下列经济业务。按权责发生制和收付实现制原则分别计算该企业本月的收入和费用,并在表格中有关项目内填列。资料如下:

(1)销售产品 60 000 元,货款存入银行。

(2)销售产品 15 000 元，货款尚未收到。

(3)预付 7 至 12 月份保险费 12 000 元。

(4)本月应计提短期借款利息 3 200 元。

(5)收回上月销货款 18 000 元。

(6)预收销货款 8 200 元，2 个月后交货。

项目	权责发生制		收付实现制	
	收入	费用	收入	费用
合计				

(二)7 月份该企业融资租赁办公设备一台，该设备买价 500 000 元(不含税)，安装调试费 10 000 元，租赁期限为 1 年。问：该设备是否应确认为当期资产？为什么？

(三)假定 2014 年 12 月 31 日，资产总额为 600 万元，负债总额为 100 万元；到 2015 年 12 月 31 日，企业资产总额为 800 万元，负债总额为 200 万元，如果该年度内企业投入资本没有发生任何增减，请问：2015 年度实现的利润总额？

五、对答题

（一）问：会计与簿记是否是同一概念？

答：不是，会计包括反映，监督还有其他衍生职能，簿记只有反映的职能。

（二）问：出纳人员与会计人员的工作内容是否相同？

答：不同，出纳人员主要是涉及现金管理，兼做现金日记账与银行存款日记账，会计人员涉及报表和其它账簿的分析工作。

（三）问：资产与资金是否是同一概念？

答：不是，资产是企业资金的存在状态。

第一章参考答案

一、单项选择题

1. C　2. A　3. A　4. D　5. A　6. B　7. A　8. C　9. B　10. D　11. C　12. B

二、多项选择题

1. ACD　2. AC　3. ABD　4. ABC　5. ABD　6. ABCD　7. AB　8. CD　9. ABD　10. ACD　11. ABC　12. AC

三、判断题

1. ×　2. ×　3. ×　4. ×　5. ×　6. ×　7. √　8. ×　9. ×　10. ×　11. ×　12. ×

四、计算分析题

(一)七月份该企业对这些经济业务分别确认如下：

(1)销售产品 60 000 元，货款存入银行。按权责发生制和收付实现制均应确认收入 60 000 元。

(2)销售产品 15 000 元，货款尚未收到。按权责发生制应确认收入 15 000 元，按收付实现制不确认收入。

(3)预付 7 至 12 月份保险费 12 000 元。按权责发生制应确认费用 2 000 元，按收付实现制确认费用 12 000 元。

(4)本月应计提短期借款利息 3 200 元。按权责发生制应确认费用

3 200 元,按收付实现制不确认费用。

(5)收回上月销货款 18 000 元。按权责发生制不确认收入,按收付实现制确认收入 18 000 元。

(6)预收销货款 8 200 元,2 个月后交货。按权责发生制不确认收入 8 200 元,按收付实现制确认收入 8 200 元。

(二)根据实质重于形式原则,应确认为资产。

(三)2015 年利润为 100 万元。

第二章　复式记账的基本原理

为了全面、准确地反映企业的财务状况和经营成果，提供高质量的会计信息，需要有一整套科学的会计方法与体系。会计核算的基本方法有：设置会计科目和账户、复式记账、填制和审核会计凭证、登记会计账簿、成本计算、财产清查、编制财务报表。学生通过本章内容的学习，应该了解和掌握会计信息的基本处理和记录方法，尤其是应该能够熟练运用借贷记账法，处理简单的会计业务，为以后章节的学习做好准备。这章必须掌握的知识点和基本概念如下：

掌握的知识点

1. 掌握会计等式的具体内容。
2. 熟悉经济业务的类型。
3. 必须理解会计科目与账户及其相互关系。
4. 理解复式记账法的基本原理。
5. 熟练掌握借贷记账法及其应用。
6. 掌握试算平衡的作用及其原理。

掌握的基本概念

会计等式　会计科目　账户　记账方法　单式记账法　复式记账法　借贷记账法　会计分录　简单会计分录　复合会计分录　账户对应关系　对应账户　过账　结账　试算平衡

练习题

一、单项选择题(在备选答案中选取一个最佳答案)

1. 下列项目中,属于经济业务的有(　　)。

A. 资产增加,负债减少

B. 资产增加,所有者权益增加

C. 负债减少,所有者权益减少

D. 负债增加,所有者权益增加

2. 某企业资产总额为100万元,当发生下列经济业务后:(1)向银行借款10万元存入银行;(2)用银行存款偿还应付账款5万元;(3)收回应收账款2万元存入银行,其权益总计为(　　)。

A. 105万元　　B. 107万元

C. 117万元　　D. 12万元

3. 某企业采购员预借差旅费,所引起的变动为(　　)。

A. 一项资产增加,一项负债增加

B. 一项资产增加,一项资产减少

C. 一项资产减少,一项负债减少

D. 一项负债增加,一项负债减少

4. 会计科目通常作为(　　)。

A. 会计要素的名称　　B. 会计报表的项目

C. 会计档案的名称　　D. 账户的名称

5. 会计科目与账户之间的区别在于(　　)。

A. 名称不同

B. 记录资产和负债的结果不同

C. 反映的经济内容不同

D. 账户有结构而会计科目无结构

6. 主营业务收入账户的结构与所有者权益类账户的结构(　　)。

A. 基本相同　　B. 无关

C. 完全一致　　D. 相反

7. 下列账户中,月末结转后一般无余额的是(　　)。

A. "材料采购"　　B. "生产成本"

C. "财务费用"　　D. "本年利润"

8. 如果某一账户期初余额在借方,期末余额在贷方,说明该账户登记项目已从(　　)。

A. 期初的负债转变为期末的所有者权益

B. 期初的所有者权益转变为期末的负债

C. 期初的权益变为期末的资产

D. 期初的资产变为期末的权益

9. 借贷记账法下,不宜编制对应关系不清楚的(　　)会计分录。

A. 一借一贷　　B. 一借多贷

C. 多借一贷　　D. 多借多贷

10. 下列各项中,账户之间可能存在对应关系的是(　　)。

A. "制造费用"与"利润分配"　　B. "固定资产"与"实收资本"

C. "财务费用"与"管理费用"　　D. "预收账款"与"盈余公积"

11. 采用复式记账法的目的是(　　)。

A. 便于登记账簿

B. 如实完整地反映资金运动来龙去脉

C. 提高会计工作效率

D. 便于会计人员的分工协作

12. 借贷记账法下,对账户记录进行试算平衡所涉及的账户是(　　)。

A. 资产类账户　　B. 负债类账户

C. 损益类账户　　D. 全部账户

13. 借贷记账法下发生额试算平衡的原因是(　　)。

A. 由"有借必有贷,借贷必相等"的记账规则决定的

B. 由“资产＝权益”的会计等式决定的

C. 由账户的结构决定的

D. 由账户所反映的经济业务内容决定的

14. 通过试算平衡能够发现的错误是(　　)。

A. 重记经济业务　　B. 漏记经济业务

C. 借贷方向相反　　D. 借贷金额不等

15. 下列错误不能通过试算平衡检查出来的是(　　)。

A. 一笔经济业务应借应贷的金额不等

B. 一笔经济业务应借应贷的账户颠倒

C. 期初余额不等

D. 某一账户误将其期末借方余额记入贷方

二、多项选择题(下列各题,有两个或两个以上符合题意的正确答案,请将正确答案填入括号内)

1. 下列经济业务中,会引起会计等式一方发生变化的有(　　)。

A. 购进材料尚未付款　　B. 以银行存款购进材料

C. 取得借款并存入银行　　D. 提取盈余公积金

2. 会计等式可用公式表示为:(　　)。

A. 资产＝权益

B. 资产＝债权人权益＋所有者权益

C. 资产＝负债＋权益

D. 资产＝负债＋所有者权益＋(收入－费用)

3. 下列业务中,会引起会计等式左右两边同时发生增减变动的有(　　)。

A. 接受投资人追加投资　　B. 用银行存款偿还长期借款

C. 购进材料尚未付款　　D. 收回应收账款存入银行

4. 下列会计科目中,属于资产类的有(　　)。

A. 应付账款　　B. 预付账款

C. 预收账款　　D. 应收账款

5. 借贷记账法下，下列内容在账户的借方登记的是(　　)。

A. 资产的增加　　B. 负债的减少

C. 所有者权益的增加　　D. 收入的减少

6. 复式记账法的优点包括(　　)。

A. 进行试算平衡　　B. 简化账簿登记工作

C. 了解经济业务的来龙去脉　　D. 检查账户记录的正确性

7. 账户的增减额应登记在哪一方主要取决于(　　)。

A. 记账方法　　B. 账户本身的性质

C. 被登记的经济业务　　D. 登记账户的依据

8. 借贷记账法下的试算平衡有(　　)。

A. 余额平衡　　B. 总额平衡

C. 发生额平衡　　D. 借贷平衡

9. 下列各项中，不能通过试算平衡发现的有(　　)。

A. 借贷方同时多记一笔经济业务金额

B. 借贷方会计科目使用颠倒

C. 借贷方登记金额不一致

D. 借方金额未登记，贷方金额被登记

10. 账户一般应包括的内容有(　　)。

A. 账户名称　　B. 日期和摘要

C. 凭证号数　　D. 增加和减少的金额及余额

11. 编制会计分录时，必须考虑的因素有(　　)。

A. 经济业务所涉及的会计科目　　B. 经济业务应记入账户的方向

C. 经济业务应记入账户的金额　　D. 经济业务所涉及的会计原则

12. 借贷记账法的试算平衡公式包括(　　)。

A. 借方金额＝贷方金额

B. 全部账户借方发生额合计＝全部账户贷方发生额合计

C. 全部账户借方余额合计＝全部账户贷方余额合计

D. 资产＝负债＋所有者权益

13. 期末结账后，一般没有余额的账户是(　　)。

A. 资产账户　　B. 负债账户

C. 收入账户　　D. 费用账户

14. 下列账户中，与“主营业务收入”账户存在对应关系的有(　　)。

A. “库存现金”　　B. “应收账款”

C. “预收账款”　　D. “预付账款”

15. 下列有关账户期末余额计算公式中，正确的有(　　)。

A. 资产类账户期末借方余额＝期初借方余额＋本期借方发生额－本期贷方发生额

B. 负债类账户期末贷方余额＝期初贷方余额＋本期贷方发生额－本期借方发生额

C. 成本类账户期末余额＝期初借方余额＋本期借方发生额

D. 损益类账户期末余额＝期初贷方余额＋本期贷方发生额

三、判断题(在每小题后面的括号内填入判断结果，正确的打“√”，错误的打“×”)

1. 没有会计要素，会计信息和会计报表将无法成立。(　　)

2. 资产是指由于过去、现在、未来的事项和交易形成，并由企业拥有或控制的经济资源，该资源预期会给企业带来经济利益。(　　)

3. 企业预期经济业务将发生的债务，应当作为负债处理。(　　)

4. 资产＝负债＋所有者权益，因此，资产总额必然大于负债总额。(　　)

5. 会计期末，收入减费用计算出的结果会引起所有者权益的增加。(　　)

6. 会计科目与账户口径一致、性质相同，会计科目是账户的名称，也是设置账户的依据。(　　)

7. 所有会计科目都应设置明细科目，进行明细分类核算。(　　)

8. 账户是记录交易或事项内容的主要载体。(　　)

9. 账户中所记录的增加额、减少额和余额与企业编制财务会计报告没有关系。（　　）

10. 所有账户期末余额的方向都是固定不变的。（　　）

11. 财务报表上的信息是以账户提供的各种数据资料加工整理而形成的。（　　）

12. 会计分录是指将交易或事项记录在有关账户之后的一种记录形式。（　　）

13. 试算平衡是指检验会计分录编制的正确性、完整性而采用的一种技术方法。（　　）

14. 发生额试算平衡公式为：账户的本期借方发生额合计＝账户的本期贷方发生额合计。（　　）

15. 一笔业务在相关账户中将借贷方向记反可以通过试算平衡发现。（　　）

四、计算分析题

（一）某企业 2015 年 4 月 1 日有关项目余额如下：

银行存款	320 000	应交税费	10 000
短期借款	80 000	实收资本	1 000 000
库存现金	2 000	固定资产	658 000
应收账款	60 000	库存商品	170 000
长期借款	250 000	应付账款	20 000
原材料	150 000		

该企业 4 月发生有关经济业务如下：

1. 以银行存款归还到期的长期借款 100 000 元。
2. 以银行存款购入原材料 58 000 元，材料入库。
3. 收回应收账款 30 000 元，存入银行。
4. 以银行存款偿还前欠外单位货款 20 000 元。
5. 从甲企业购进原材料，已入库，货款 30 000 元尚未支付。
6. 向银行借入短期借款 100 000 元，存入银行存款账户。

7. 收到股东投入设备一套，价值 160 000 元。
8. 以银行存款交纳上月税金 10 000 元。
9. 从银行提取现金 1 000 元备用。
10. 签发并承兑商业汇票一张，面额 30 000 元，抵付应付账款。

（一）要求：填表分析上述经济业务的类型。

项目	资产	负债	所有者权益
期初余额			
业务(1)			
业务(2)			
业务(3)			
业务(4)			
业务(5)			
业务(6)			
业务(7)			
业务(8)			
业务(9)			
业务(10)			
期末余额			

（二）将下表中账户的有关内容补充完整。

账户名称	期初余额		本期发生额		期末余额	
	借方	贷方	借方	贷方	借方	贷方
库存现金	1 000		126 000		1 500	
银行存款	520 000			770 000	750 000	

续　表

账户名称	期初余额		本期发生额		期末余额	
	借方	贷方	借方	贷方	借方	贷方
应收账款			86 000	44 000		
原材料	110 000		120 000		90 000	
固定资产			100 000	200 000	1 720 000	
短期借款			0	0		200 000
应付账款			477 500			40 000
实收资本		2 000 000	0			2 500 000
合　计						

(三)华新公司 2015 年期初及期末的资产总额与负债总额如下：

项目	期初	期末
资产	1 000 000 元	1 200 000 元
负债	300 000 元	200 000 元

要求：根据下列情况，分别计算该公司 20××年度的利润。

1. 本年度股东投资不变，营业成本共计为 120 000 元，试计算本年度利润和营业收入各为多少？

2. 本年度股东增加投资 100 000 元，计算本年度利润是多少？

3. 本年度股东曾经收回投资 50 000 元，计算本年度利润是多少？

4. 本年度甲股东曾收回投资 50 000 元，但乙股东增加投资 180 000 元，计算本年度利润为多少？

(四) 资料：天华公司 2016 年 3 月发生的部分经济业务如下：

1. 从银行提取现金 10 000 元，供日常零用。

2. 购入原材料一批计 3 500 元，货款已用银行存款支付。

3. 向银行申请一笔贷款 200 000 元，期限 10 个月，手续已办妥，钱已到账。

4. 采购员王民出差预借差旅费5 000元，财务科以现金支付。

5. 购入甲种材料30 000元，乙种材料2 600元。乙种材料款已以银行存款付出，甲种材料款未付。

6. 收到购买单位付来上月所欠货款25 000元，其中10 000元直接归还银行短期借款，其余15 000元存入银行。

7. 销售产品一批，价款50 000元，收到银行存款24 000元，其余款项对方暂欠。

8. 结转已销售产品成本28 000元。

9. 国家投入资本金45 000元，其中15 000元存入银行存款户，30 000元直接归还应付的购货款。

要求：对上述经济业务进行分析，并编制会计分录。

（五）资料：

1. 某企业2016年1月份有关账户的期初余额如下：

资产类		负债及所有者权益类	
账户名称	金额	账户名称	金额
库存现金	2 460	短期借款	200 700
银行存款	7 590	应付账款	6 780
应收账款	5 760	其他应付款	1 760
其他应收款	1 230	实收资本	185 000
原材料	16 420		
库存商品	43 280		
固定资产	82 100		
生产成本	235 400		
合计	394 240	合计	394 240

2. 2016 年 1 月份发生如下经济业务：

(1) 从银行提取现金 5 000 元，以备零用。

(2) 用银行存款购买材料一批，货款 5 500 元。

(3) 用银行存款归还前欠货款 3 000 元。

(4) 国家股东投入新机器一台，价值 25 000 元。

(5) 收到购货单位归还货款 4 400 元，存入银行。

(6) 按规定将多余现金 3 000 元，存入银行。

(7) 生产车间生产产品领用材料，价值 14 500 元。

(8) 向银行借入 6 个月期限的款项 70 000 元，存入银行。

(9) 销售产品一批，价款 30 000 元，款项尚未收到。

(10)结转销售产品成本，金额 18 000 元。

要求：

(1) 根据资料 1 开设账户，并登记期初余额。

(2) 根据资料 2 编制会计分录并登记账户。

(3) 结算各账户的本期发生额和期末余额。

(4) 根据期初余额、本期发生额和期末余额编制试算平衡表，并进行试算平衡。

固定资产

期初余额	
本期发生额	本期发生额
期末余额	

生产成本

期初余额	
本期发生额	本期发生额
期末余额	

原材料

期初余额	
本期发生额	本期发生额
期末余额	

库存商品

期初余额	
本期发生额	本期发生额
期末余额	

库存现金

期初余额	
本期发生额	本期发生额
期末余额	

实收资本

	期初余额
本期发生额	本期发生额
	期末余额

银行存款

期初余额	
本期发生额	本期发生额
期末余额	

短期借款

	期初余额
本期发生额	本期发生额
	期末余额

应收账款

期初余额	
本期发生额	本期发生额
期末余额	

其他应付款

	期初余额
本期发生额	本期发生额
	期末余额

其它应收款

期初余额	
本期发生额	本期发生额
期末余额	

应付账款

	期初余额
本期发生额	本期发生额
	期末余额

主营业务收入

	期初余额
本期发生额	本期发生额
	期末余额

主营业务成本

期初余额	
本期发生额	本期发生额
期末余额	

试算平衡表

2016 年 1 月 31 日　　　　单位：元

会计科目	期初余额		本期发生额		期末余额	
	借方	贷方	借方	贷方	借方	贷方
库存现金						
银行存款						
原材料						
生产成本						
库存商品						
应收账款						
其他应收款						
固定资产						

续 表

会计科目	期初余额		本期发生额		期末余额	
	借方	贷方	借方	贷方	借方	贷方
短期借款						
应付账款						
其他应付款						
实收资本						
主营业务收入						
主营业务成本						
合 计						

五、对答题

(一)某单位职工张兰出差,预借差旅费8 000元,以现金支付,学生王浩认为应进行的会计处理为“借:管理费用 8 000,贷:库存现金 8 000”。你认为正确吗?

答:这样处理不正确。职工预借差旅费,反映的内容只是职工的一笔借款,此时尚未形成消费,不能作为费用处理,应计入“其他应收款”,会计分录为“借:其他应收款,贷:库存现金”;等职工出差回来报销差旅费时,此时消费已经形成,按实际消费并准予报销的金额,作为费用处理,并冲减“其他应收款”,对于“库存现金”则“多退少补”。报销时的会计分录为“借:管理费用,贷:其他应收款,借或贷:库存现金”。

(二)小刘刚从某大学会计专业毕业,应聘到海亮股份公司从事会计工作。刚上班的第一天,正赶上月末结账,财务部门的同事们忙得不可开交。“我能做些什么呢?”看到大家那么忙,小刘觉得过意不去,主动向财务主管请求任务。财务主管也想检验一下他的工作能力,便让他做一张本月的试算平衡表。小刘高兴地答应下来。主管给了他相关资料，就忙其他事去了。小刘拿着几本厚厚的会计凭证，认真仔细地忙了起来，用了一上午的时间，一张"总分类账户发生额及余额试算平衡表"顺利地编制出来了。看到表格上那三组相互平衡的数据，他感觉很开心，认为试算表是完全正确的。你认为这个结果正确吗?

答:这个结果不正确。试算表虽然平衡了，但这个结果不一定正确。如果借贷不相等，可以肯定账户记录或计算有错误，应采用一定的方法进一步查明原因，予以更正。但如果试算平衡，并不能肯定账户记录没有错误，凡是形式上没有违背"有借必有贷，借贷必相等"规则的错误，例如有的经济业务被漏记、重记，有的经济业务借贷方向颠倒，有的经济业务会计科目用错等等，这类错误不能通过账户的试算平衡关系检查出来，因为错记的结果并不影响账户的平衡关系。为了纠正账户记录的这些错误，还必须借助于其他方法进行检查。

第二章参考答案

一、单项选择题

1. B　2. A　3. B　4. D　5. D　6. A　7. C　8. D　9. D　10. B　11. B　12. D　13. A　14. D　15. B

二、多选题

1. BD　2. ABD　3. ABC　4. BD　5. ABD　6. ACD　7. BC　8. AC　9. AB　10. ABCD　11. ABC　12. BC　13. CD　14. ABC　15. AB

三、判断题

1. √　2. ×　3. ×　4. ×　5. ×　6. √　7. ×　8. √　9. ×　10. ×　11. ×　12. ×　13. ×　14. ×　15. ×

四、计算分析题

(一)

项目	资产	负债	所有者权益
期初余额	1 360 000	360 000	1 000 000
业务(1)	－100 000	－100 000	
业务(2)	＋58 000，－58 000		

续　表

项目	资产	负债	所有者权益
业务(3)	＋30 000，－30 000		
业务(4)	－20 000	－20 000	
业务(5)	＋30 000	＋30 000	
业务(6)	＋100 000	＋100 000	
业务(7)	＋160 000		＋160 000
业务(8)	－10 000	－10 000	
业务(9)	＋1 000，－1 000		
业务(10)		＋30 000，－30 000	
期末余额	1 520 000	360 000	1 160 000

(二)将下表中账户的有关内容补充完整。

账户名称	期初余额		本期发生额		期末余额	
	借方	贷方	借方	贷方	借方	贷方
库存现金	1 000		126 000	125 500	1 500	
银行存款	520 000		1 000 000	770 000	750 000	
应收账款	136 500		86 000	44 000	178 500	
原材料	110 000		120 000	140 000	90 000	
固定资产	1 820 000		100 000	200 000	1 720 000	
短期借款		200 000	0	0		200 000
应付账款		387 500	477 500	130 000		40 000
实收资本		2 000 000	0	500 000		2 500 000
合　计	2 587 500	2 587 500	1 909 500	1 909 500	2 740 000	2 740 000

(三)

1.期初所有者权益＝期初资产－期初负债＝1 000 000－300 000＝700 000(元)

期末所有者权益＝期末资产－期末负债＝1 200 000－200 000＝1 000 000(元)

本年度利润＝期末所有者权益－期初所有者权益＝1 000 000－700 000＝300 000(元)

本年度营业收入＝300 000＋120 000＝420 000(元)

2. 本年度利润＝1 000 000－700 000－100 000＝200 000(元)

3. 本年度利润＝1 000 000－700 000＋50 000＝350 000(元)

4. 本年度利润＝1 000 000－700 000＋50 000－180 000＝170 000(元)

(四)会计分录

(1) 借:库存现金	10 000	
贷:银行存款		10 000
(2) 借:原材料	3 500	
贷:银行存款		3 500
(3) 借:银行存款	200 000	
贷:短期借款		200 000
(4) 借:其他应收款——王民	5 000	
贷:库存现金		5 000
(5) 借:原材料——甲材料	30 000	
——乙材料	2 600	
贷:应付账款		30 000
银行存款		2 600
(6) 借:银行存款	15 000	
短期借款	10 000	
贷:应收账款		25 000
(7)借:银行存款	24 000	
应收账款	26 000	
贷:主营业务收入		50 000

(8)借:主营业务成本	28 000	
贷:库存商品		28 000
(9)借:银行存款	15 000	
应付账款	30 000	
贷:实收资本		45 000

(五)

1.编制会计分录:

(1)借:库存现金	5 000	
贷:银行存款		5 000
(2)借:原材料	5 500	
贷:银行存款		5 500
(3)借:应付账款	3 000	
贷:银行存款		3 000
(4)借:固定资产	25 000	
贷:实收资本		25 000
(5)借:银行存款	4 400	
贷:应收账款		4 400
(6)借:银行存款	3 000	
贷:库存现金		3 000
(7)借:生产成本	14 500	
贷:原材料		14 500
(8)借:银行存款	70 000	
贷:短期借款		70 000
(9)借:应收账款	30 000	
贷:主营业务收入		30 000
(10)借:主营业务成本	18 000	
贷:库存商品		18 000

2.登记账户过程略

3.试算平衡表合计金额:

期初余额合计:394 240(元)

本期发生额合计:178 400(元)

期末余额合计:516 240(元)

第三章　企业主要业务的具体核算

本章是《会计学》课程的重点章节也是难点章节，这章的学习一方面是帮助学生掌握制造业企业从企业设立资金的筹集到进入企业内部进行生产资料和原材料的购置、产品的生产、销售和利润的实现的整个经营过程的会计核算，以及掌握资金筹集的方式和渠道、固定资产、原材料、产品成本的构成、利润的计算等基本常识；另一方面也是通过会计核算的学习了解资产负债表和利润表相关项目的基本概念，为后面报表的编制和解读打下基础。这章必须掌握的知识点和基本概念如下：

掌握的知识点：

1. 了解会计可以入账的业务和会计核算基础（权责发生制和收付实现制）。

2. 熟悉资金筹集的渠道（所有者投入和从外部借入）。分别如何核算。

3. 了解生产资料、劳动对象的采购过程；掌握购建需要安装和不需要安装的固定资产的成本确定和核算；无形资产的成本确定和核算；理解材料采购费用与原材料成本之间的关系；掌握原材料成本的构成、计算及相关的会计核算方法。

4. 理解生产成本的概念；第一，分清生产费用所包括的直接费用和间接费用的概念；第二，掌握完工产品成本的构成项目和成本计算方法，尤其是生产费用中的间接费用的分配和完工产品成本的分配计算。

5. 熟悉销售过程；第一，掌握与销售过程相关的概念及营业利润、利润总额、净利润的概念；第二，掌握销售过程中发生的收入类别，成本费用类所包括的成本项目以及营业利润、利润总额、净利润之间的区别。

6. 熟悉财务成果分配过程以及利润分配的步骤和顺序;掌握净利润分配的途径和核算。

掌握的基本概念

实收资本　短期借款　股本　材料采购成本　直接费用　间接费用　在途物资　累计折旧　应交税费——应交增值税　预收账款　预付账款　生产费用　完工产品成本　在产品　营业收入　营业成本　营业税金及附加　财务费用　销售费用　管理费用　投资收益　营业外收入　营业外支出　营业利润　利润总额　净利润　所得税费用　本年利润　利润分配　盈余公积　法定盈余公积金　任意公积金　应付股利

练习题

一、单项选择题(在备选答案中选取一个最佳答案)

1. 企业收到投资者投入的资金或收到股东的股本分别贷记(　　)。

A. 短期借款或实收资本　　B. 实收资本或长期借款

C. 实收资本或股本　　D. 固定资产或实收资本

2. 一般纳税人企业购入材料发生的采购费用,不包括(　　)费用。

A. 买价　　B. 运杂费

C. 自然损耗　　D. 增值税

3. 不计入产品成本的费用是(　　)。

A. 车间管理人员的工资　　B. 厂部管理人员的工资

C. 生产产品原材料成本　　D. 车间办公费

4. 企业厂部发生的支出属于(　　)。

A. 营业外支出　　B. 管理费用

C. 制造费用　　D. 生产成本

5. 企业按规定于月末为了计算营业利润，要从收入中扣除的税金应从（　　）帐户取得数据。

A. “应交税费”　　B. “其他应交款”

C. “营业税金及附加”　　D. “所得税费用”

6. 企业甲车间月初在产品成本为 1 000 元，本月耗用材料 5 000 元，生产工人工资及福利费 4 000 元，甲车间水电费 2 000 元，月末在产品生产成本为 2 000 元，厂部预付半年报刊费 1 200 元（含本月）。则甲车间本月完工产品生产成本总额为（　　）。

A. 17 200 元　　B. 14 000 元

C. 10 000 元　　D. 13 400 元

7. 下列属于营业外收入的是（　　）。

A. 利息收入　　B. 出售材料收入

C. 投资收益　　D. 清理固定资产净收益

8. 完工产品成本的项目不包括（　　）。

A. 材料成本　　B. 人工成本

C. 财务费用　　D. 分配的间接费用

9. 企业销售商品，按规定于月末计算出应缴纳的消费税、城市维护建设税、教育费附加等，应借记（　　）账户。

A. “所得税”　　B. “应交税费”

C. “营业税金及附加”　　D. “增值税”

10. 企业销售商品甲 1 000 件，单位成本 20 元/件，产品乙 2 000 件，单位成本 30 元/件，已经销售的材料成本 3 000 元，其营业成本为（　　）。

A. 80 000 元　　B. 83 000 元

C. 20 000 元　　D. 60 000 元

11. 企业计算利润总额为（　　）。

A. 营业收入－营业成本－营业税金及附加－期间费用－所得税

B. 营业利润＋营业外收入－营业外支出

C. 营业利润＋营业外收入－营业外支出－所得税

D. 利润总额－所得税

12. 企业的法定盈余公积金一般是根据(　　)乘以一定比率得到的。

A. 本年净利润

B. 利润总额

C. 本年净利润减去上年度应弥补的亏损

D. 本年净利润加上上年度未分配的利润

二、多项选择题(下列各题,有两个或两个以上符合题意的正确答案,请将正确答案填入括号内)

1. “短期借款”账户的结构是(　　)。

A. 借方登记借款的增加数　　B. 贷方登记借款的归还数

C. 贷方登记借款的增加数　　D. 借方登记借款的归还数

2. 企业筹集资金的渠道(　　)。

A. 通过外部借入资金　　B. 通过投资者投资筹集

C. 企业发行债券方式筹集　　D. 资产的增加

3. 下列计入产品成本(　　)。

A. 车间固定资产的折旧　　B. 生产产品耗用材料

C. 生产工人的工资　　D. 管理人员的福利费

4. 企业所有者权益取得和形成的途径有(　　)。

A. 投资者的投资　　B. 接受捐赠

C. 企业取得的净利润　　D. 提取的福利费

5. 先计入产品间接费用,然后再按产品的工时或工资等比例分配的费用项目有(　　)。

A. 车间管理人员的工资和福利费

B. 车间固定资产的折旧

C. 生产产品领用的材料费用

D. 生产工人的工资和福利费

6. 下列属于管理费用的项目有(　　)。

A. 厂部发生的办公费　　B. 车间固定资产的折旧费

C. 企业厂部发生的保险费　　D. 业务招待费

7. 属于营业外支出的项目是(　　)。

A. 固定资产盘亏　　B. 处置固定资产的净损失

C. 被罚款支出　　D. 财产盘亏

8. 企业实现的净利润,要按规定顺序进行分配(　　)。

A. 偿还短期借款　　B. 弥补以前年度的亏损

C. 提取法定公积金　　D. 提取任意公积金

9. 下列属于企业销售费用的项目有(　　)。

A. 广告费　　B. 销售商品的运费

C. 展览费　　D. 设立在异地的销售机构费用

10. 企业按规定于本月末应借记“营业税金及附加”账户的项目有(　　)。

A. 消费税　　B. 城市维护建设税

C. 教育费附加　　D. “应交税费”

11. 下列项目中,应当在计算净利润时扣除的有(　　)。

A. 罚款支出　　B. 所得税费用

C. 盈余公积　　D. 应付股利

12. 企业的期间费用有(　　)。

A. 罚款支出　　B. 广告费用

C. 短期借款的利息费用　　D. 企业发生的办公费

三、判断题(在每小题后面的括号内填入判断结果,正确的打“√”,错误的打“×”)

1. 企业经营过程中发生的利息支出和手续费及利息收入,均计入本期的财务费用。(　　)

2. 企业本月发生的生产费用加上月初的半产品成本为本月的完工

产品成本。（　）

3. 企业销售商品，按规定于月末计算出应缴纳的消费税、城市维护建设税、教育费附加等，应借记“所得税”，贷记“应交税费”。（　）

4. 产品制造成本是当期直接费用与间接费用的总和。（　）

5. 企业的营业收入为主营业务收入、其他业务收入和营业外收入。（　）

6. 企业期末完工的库存商品为销售商品的成本。（　）

7. 企业出售闲置的材料及出租包装物等获取的收入均记入“主营业务收入”账户。（　）

8. 企业月末将“制造费用”分配结转到“生产成本”，“生产成本”结转到“本年利润”账户的借方去计算利润。（　）

9. 企业购入固定资产发生买价 100 000 元，进项税额 17 000 元，运杂费 20 000 元，则固定资产的原始成本为 137 000 元。（　）

10. 企业购进需要安装的固定资产和不需要安装的固定资产都通过“在建工程”账户来核算和反映。（　）

四、计算分析题

（一）练习权责发生制和收付实现制下收入和费用的确定。

某企业 8 月份有关收入和费用的经济业务如下：

（1）按合同向国泰公司销售产品 80 000 元，已收到 30 000 元货款存入银行，余款暂欠。

（2）收到上月应收的销货款 2 000 元。

（3）收到购货单位的预付货款 20 000 元。

（4）支付本月广告费 3 000 元。

（5）计提本月应负担的银行借款利息 1 000 元。

（6）交纳上月主营业务税金及附加 1 000 元。

（7）支付第一季度短期借款利息 2 400 元。

要求：

1. 按权责发生制和收付实现制分别列表计算本月（8 月份）的收

入、费用和利润。

2. 比较上述两种会计核算基础哪种确定利润合理？我国采用的是哪种会计核算基础？

(二)某企业 2014 年 12 月份发生如下经济业务：

(1)收到 C 公司投入设备一台，该设备原值 50 000 元，双方确认价值 45 000 元。

(2)从银行借入借款 1 000 000 元，期限 2 年，所得借款存入银行。

(3)收到国家投入的货币资金 2 000 000 元，已存入银行。

(4)购运输汽车一辆，价款 200 000 元，增值税 34 000 元，用银行存款支付。

(5)购入需要安装设备一台，货款 40 000 元，税款 6 800 元，用银行存款支付。设备安装共耗用材料价值 2 000 元，内部安装人员工资 1 000 元。

(6)上述设备安装完毕，验收后交付使用。

(7)用银行存款 800 000 元向某企业购买专利权，并办好了一切过户手续。

要求：

1. 根据以上经济业务编制会计分录。

2. 企业在 2014 年筹集到多少资金来源？分别通过哪些渠道筹集到？筹集的金额分别是多少？

3. 企业购进的固定资产——汽车的成本为多少？需要安装的设备的成本是多少？

(三)某企业 5 月份发生下列业务：

(1)5 月 1 日购入材料一批，货、税款已用银行存款支付(增值税率 17%)

甲材料　　　　200kg　　　　　单价 6.5 元

乙材料　　　　1 200kg　　　　单价 3 元

丙材料　　　　2 000kg　　　　单价 0.75 元

(2)5 月 3 日，以现金支付上述材料运杂费 340 元，运杂费按材料重量比率分配。

(3)5 月 7 日，购入丙材料 1 000kg，单价 0.75 元，货、税款尚未支付，运杂费 100 元，从银行存款中支付。

(4)5 月 30 日，本月采购的各种材料均已验收入库，按材料的实际成本结转。

要求：1. 根据以上经济业务编制会计分录。

2. 编制材料采购成本计算单。

3. 甲、乙、丙三种原材料的数量、单位成本和总金额分别是多少？购买甲、乙、丙三种材料的进项税额为多少？

(四)

(1)本月材料领用情况如下：

	A 材料		B 材料		C 材料		辅材	合计
	数量（吨）	金额	数量（吨）	金额	数量（吨）	金额	金额	
甲产品用	50	100 000	10	15 000	5	20 000	3 000	138 000
乙产品用	10	20 000			2	8 000	2 000	30 000
车间部门用							1 000	1 000
行政管理部门用							1 000	1 000
合计	60	120 000	10	15 000	7	28 000	7 000	170 000

(2)本月份职工工资计算如下：

甲产品生产工人工资；　　　　　30 000 元

乙产品生产工人工资：　　　　　　　20 000 元

车间行政人员工资：　　　　　　　　2 000 元

管理人员工资：　　　　　　　　　　20 000 元

(3)按规定提取占职工工资总额 14%的福利费。

(4)以银行存款支付水电费 5 000 元，其中：

生产甲产品耗用：　　　　　　　　2 500 元

生产乙产品耗用：　　　　　　　　1 000 元

厂部管理部门耗用：　　　　　　　1 500 元

(5)车间报销办公费 100 元，以现金支付。

(6)按规定折旧率计提本月固定资产折旧，其中车间使用的固定资产折旧 4 000 元，管理部门使用的固定资产折旧 1 000 元。

(7)月末将制造费用按工资比例分配到生产成本中。

(8)月末甲乙产品全部完工验收入库，其中甲产品 100 件，乙产品 500 件，结转实际成本。

要求：1. 根据上述资料编制会计分录。

2. 计算本期生产产品的直接费用、间接费用分别是多少？期间费用是多少？哪些费用应计入产品成本？甲、乙产品的总成本和单位成本分别是多少？

(五)某公司某月份销售产品业务如下：

(1)根据购销合同向东海公司发运甲产品 100 台，每台售价 100 元，货款计 10 000 元，增值税 1 700 元，货、税款尚未收到。

(2)以银行存款支付销售产品的运输费 300 元。

(3)收到银行通知，上月销售给新创公司的货、税款 30 000 元全部收到存入银行。

(4)根据购销合同向成捷公司发运甲产品 100 台，每台售价 100 元，货款计 10 000 元，增值税 1 700 元，货、税款尚未收到。

(5)企业用银行存款支付本月广告费 500 元。

(6)用银行存款支付本月业务招待费 1 200 元

(7)以银行存款支付本月借款利息 1 500 元。

(8)以现金支付产品销售过程中的运输费 500 元。

(9)以银行存款支付违约罚金 500 元。

(10)以银行存款支付管理人员工资 15 000 元。

要求:

1. 根据以上经济业务编制会计分录。

2. 计算企业本月的营业收入、财务费用、管理费用、销售费用、营业外支出。

3. 计算企业本月的营业利润和利润总额。

(六)某企业 2015 年度决算时,各损益类账户 12 月份余额如下:

账户名称	结账前余额
主营业务收入	500 000(贷)
营业税金及附加	15 000(借)
主营业务成本	130 000(借)
销售费用	8 000(借)
管理费用	18 000(借)
财务费用	5 000(借)
其他业务收入	20 000(贷)
其他业务成本	18 000(借)
投资收益	6 000(贷)
营业外收入	7 640(贷)
营业外支出	5 640(借)
所得税费用	88 000(借)

要求:1. 计算 2015 年度的营业利润、利润总额及净利润的数额。

2. 计算 2015 年提取的法定盈余公积金(计提比例 10%)、法定公益金(计提比例 5%)、未分配利润(若分配投资者利润按净利润扣除盈余公积金后的 50%计算)。

六、对答题

（一）一般纳税人企业购入原材料甲材料 100kg，单位成本 50 元，进项税额 850 元，发生运杂费 150 元，则学生王浩认为原材料甲材料的总成本 6 000 元，单位成本 60 元。你认为正确吗？

答：学生王浩计算原材料甲材料的总成本 6 000 元。单位成本 60 元，是错误的。因为一般纳税人企业在购进材料的过程中发生的进项税额是不计入原材料成本的。所以，计入原材料甲材料的总成本＝100×50＋150＝5 150（元）；单位成本＝5 150÷100＝51.5（元/kg）。

（二）企业成立时，所有者甲以银行存款 60 万元投入企业，乙以固定资产 40 万元投入.共有投入资本 100 万元。企业经营几年后有未分配利润 50 万元，若将未分配利润 50 万元全部转增资本，试问企业转增资本如何转增？

答：企业转增资本按甲、乙出资比例 60 万比 40 万元，则未分配利润 50 万元按其出资比例转增给甲、乙。甲转增资本＝50×60％＝30 万元；乙转增资本＝50×40％＝20 万元。

故转增后实收资本—甲 90 万元；实收资本—乙 60 万元。

第三章参考答案

一、单项选择题

1. C　2. D　3. B　4. B　5. C　6. C　7. D　8. C　9. C　10. B　11. B　12. A

二、多项选择题

1. CD　2. ABC　3. ABC　4. ABC　5. AB　6. ACD　7. ABCD　8. BCD　9. ABCD　10. ABC　11. AB　12. BCD

三、判断题

1. √　2. ×　3. ×　4. ×　5. ×　6. ×　7. ×　8. ×　9. ×　10. ×

四、计算分析题

(一)练习权责发生制和收付实现制下收入和费用的确定。

1.

业务	权责发生制		收付实现制	
	收入	费用	收入	费用
(1)	80 000		30 000	

续 表

业务	权责发生制		收付实现制	
	收入	费用	收入	费用
(2)			2 000	
(3)			20 000	
(4)		3 000		3 000
(5)		1 000		
(6)				1 000
(7)				2 400
总计	80 000	4 000	52 000	6 400

在权责发生制下,利润＝80 000－4 000＝76 000(元)

在收付实现制下,利润＝52 000－6 400＝45 600(元)

2. 比较上述两种会计核算基础,在权责发生制下确定利润合理。我国采用的是权责发生制的会计核算基础。

(二)1. 根据经济业务编制会计分录如下:

(1)借:固定资产 45 000

  贷:实收资本 4 5000

(2)借:银行存款 1 000 000

  贷:长期借款 1 000 000

(3)借:银行存款 2 000 000

  贷:实收资本 2 000 000

(4)借:固定资产 200 000

  应交税费——应交增值税 34 000

  贷:银行存款 234 000

(5)借:在建工程 40 000

  应交税费——应交增值税 6 800

贷:银行存款　　46 800

借:在建工程　　3 000

贷:原材料　　2 000

应付职工薪酬　　1 000

(6)借:固定资产　　43 000

贷:在建工程　　43 000

(7)借:无形资产　　800 000

贷:银行存款　　800 000

2. 企业在2014年筹集到的资金来源＝实收资本＋长期借款＝(2 000 000＋45 000)＋1 000 000＝3 045 000(元);分别通过所有者投入和外部借款两种渠道筹集到;筹集的金额分别是2 045 000元和1 000 000元。

3. 企业购进的固定资产——汽车的成本为20 000元;需要安装的设备的成本是43 000元。

(三)

1. (1)借:在途物资——甲材料　　1 300

——乙材料　　3 600

——丙材料　　1 500

应交税费——应交增值税　　1 088

贷:银行存款　　7 488

(2)借:在途物资——甲材料　　20

——乙材料　　120

——丙材料　　200

贷:库存现金　　340

(3)借:在途物资——丙材料　　850

应交税费——应交增值税　　127.5

贷:应付账款　　877.5

银行存款　　100

(4)借:原材料——甲材料　　1 320
　　——乙材料　　3 720
　　——丙材料　　2 550
　贷:在途物资——甲材料　　1 320
　　——乙材料　　3 720
　　——丙材料　　2 550

2. 材料采购成本计算单

项目	甲材料(200kg)		乙材料(1 200kg)		丙材料(3 000kg)	
	总成本	单位成本	总成本	单位成本	总成本	单位成本
买价	1 300	6.5	3 600	3	2 250	0.75
运杂费	20	0.1	120	0.1	300	0.1
合计	1 320	6.6	3 720	3.1	2 550	0.85

3. 甲、乙、丙三种原材料的总金额分别是:

甲材料总金额 1 320 元,数量是 200kg;单位成本是 6.6 元/kg;
乙材料总金额 3 720 元,数量是 1 200kg;单位成本是 3.1 元/kg;
丙材料总金额 2 550 元,数量是 3 000kg;单位成本是 0.85 元/kg;
购买甲、乙、丙三种材料的进项税额是 1 215.5 元。

(四)

1.

(1)借:生产成本——甲产品　　138 000
　　——乙产品　　30 000
　制造费用　　1 000
　管理费用　　1 000
　贷:原材料　　170 000

(2)借:生产成本——甲产品　　30 000
　　——乙产品　　20 000
　制造费用　　2 000

管理费用　20 000

贷:应付职工薪酬　72 000

(3)借:生产成本——甲产品　4 200

——乙产品　2 800

制造费用　280

管理费用　2 800

贷:应付职工薪酬　10 080

(4)借:生产成本　甲产品　2 500

——乙产品　1 000

管理费用　1 500

贷:银行存款　5 000

(5)借:制造费用　100

贷:库存现金　100

(6)借:制造费用　4 000

管理费用　1 000

贷:累计折旧　5 000

(7)借:生产成本——甲产品　4 428

——乙产品　2 952

贷:制造费用　7 380

(8)借:库存商品——甲产品　179 128

——乙产品　56 752

贷:生产成本——甲产品　179 128

——乙产品　56 752

2. 计算本期生产产品的直接费用＝(138 000＋30 000)＋(30 000＋20 000)＋(4 200＋2 800)＋(2 500＋1 000)＝228 500 (元)

间接费用＝7 380(元)

期间费用＝26 300(元)

应计入产品成本＝228 500＋ 7 380＝235 880(元)

甲产品的总成本＝138 000＋30 000＋4 200＋2 500＋4 428＝

179 128(元)

甲产品的单位成本＝179 128÷100＝1 791.28(元/件)

乙产品的总成本＝30 000＋20 000＋2 800＋1 000＋2 952＝56 752(元)

乙产品的单位成本＝56 752÷500＝113.5(元/件)

(五)1. 某公司某月份销售产品业务如下:

(1)借:应收账款	11 700	
贷:主营业务收入		10 000
应交税费——应交增值税		1 700
(2)借:销售费用	300	
贷:银行存款		300
(3)借:银行存款	30 000	
贷:应收账款		30 000
(4)借:应收账款	11 700	
贷:主营业务收入		10 000
应交税费——应交增值税		1 700
(5)借:销售费用	500	
贷:银行存款		500
(6)借:管理费用	1 200	
贷:银行存款		1 200
(7)借:财务费用	1 500	
贷:银行存款		1 500
(8)借:销售费用	500	
贷:库存现金		500
(9)借:营业外支出	500	
贷:银行存款		500
(10)借:管理费用	15 000	
贷:银行存款		15 000

2. 计算企业本月的营业收入、财务费用、管理费用、销售费用、营业外支出

本月的营业收入＝ 10 000＋10 000＝20 000(元)

本月的财务费用＝1 500(元)

本月的管理费用＝1 200＋15 000＝16 200(元)

本月的销售费用＝300＋500＋500＝1 300(元)

本月的营业外支出＝500(元)

3. 计算企业本月的营业利润和利润总额。

本月营业利润＝20 000－1 500－16 200－1 300＝1 000(元)

本月利润总额＝1 000－500＝500(元)

(六)

1. 2015 年度的营业利润＝(500 000＋20 000)－(130 000＋18 000)－15 000－8 000－5 000＋6 000
＝350 000(元)

利润总额＝350 000＋7 640－5 640＝352 000(元)

净利润＝352 000－88 000＝264 000(元)

2. 法定盈余公积金＝264 000×10％＝26 400(元)

法定公益金＝264 000×5％＝13 200(元)

未分配利润＝264 000－(26 400＋13 200)－[264 000－(26 400＋13 200)]×50％＝112 200(元)

第四章　会计循环与会计信息生成

本章主要介绍会计信息的生成过程，即如何将企业日常发生的各项经济业务所产生的零散数据，运用会计信息系统进行加工，从而形成具有一定质量特征的会计信息的过程。通过本章的学习，学生应了解会计循环的基本程序，理解会计凭证和会计账簿的概念、分类以及构成，掌握简单经济业务的处理过程，了解资产负债表和利润表等主要会计报表的组成内容和基本编制方法。本章需掌握的知识点和基本概念如下：

掌握的知识点

1. 理解会计循环与会计程序的概念及其区别。

2. 了解会计凭证的概念、分类，懂得会计凭证的意义和作用，理解会计凭证的内容、审核要点，掌握会计凭证的填制与审核要求。

3. 掌握会计账簿的概念、分类和重要作用，熟悉会计账簿的格式、基本内容和使用方法，掌握会计账簿的登记方法、对账和记账的具体方法以及各种错账的更正方法。

4. 理解会计报表的含义、种类及作用，了解主要会计报表列报的填列方法，财务报表附注的含义和作用，掌握主要会计报表的编制方法。

5. 了解对外提供财务报告的对象和要求。

掌握的基本概念

会计循环　会计程序　原始凭证　记账凭证　专用记账凭证　会计账簿　序时账簿　总分类账簿　对账　结账　财务报表　资产负债

表　利润表　现金流量表　所有者权益变动表　财务报表附注

练习题

一、单项选择题(在备选答案中选取一个最佳答案)

1. 原始凭证按填制手续及内容的不同,可以分为(　　)。

A. 一次凭证和汇总凭证

B. 专用记账凭证和通用记账凭证

C. 收款凭证、付款凭证、转账凭证

D. 一次凭证、累计凭证、汇总凭证

2. 下列业务应编制转账凭证的是(　　)。

A. 收到销售货款　　B. 支付购买原材料价款

C. 车间领用原材料　　D. 支付固定资产安装费

3. 序时账的外表形式应采用(　　)。

A. 订本账　　B. 活页账

C. 卡片账　　D. 数量金额式

4. 将账簿划分为序时账、分类账、备查账的依据是(　　)。

A. 账簿的登记方式　　B. 账簿的用途

C. 账簿的登记内容　　D. 账簿的外表形式

5. 纯属登账时文字或数字上的错误,应采用的更正方法是(　　)。

A. 补充登记法　　B. 红字更正法

C. 蓝字更正法　　D. 划线更正法

6. 会计凭证分为原始凭证和记账凭证,这种分类的依据是(　　)。

A. 来源途径　　B. 会计凭证填制的程序和用途不同

C. 凭证用途　　D. 填制方式

7. 销售商品 80 000 元,收到款项 45 000 元,其余暂欠,该笔经济业务应编制(　　)。

A. 一张收款凭证和一张付款凭证

B. 一张银行收款凭证

C. 两张转账凭证

D. 一张转账凭证和一张收款凭证

8. 反映企业某一特定日期财务状况的财务报表是(　　)。

A. 资产负债表　　B. 利润表

C. 现金流量表　　D. 所有者权益变动表

9. 下列项目中,根据总账科目所属的明细科目期末余额计算填列的是(　　)。

A. 应付票据　　B. 长期借款

C. 存货　　D. 固定资产

10. 我国采用多步式编制利润表,其特点是(　　)。

A. 所提供的信息都是原始信息,便于理解

B. 方便使用者比较不同时点的数据

C. 便于理解企业经营成果的不同来源

D. 有助于使用者分析企业盈利能力

11. 记账凭证与原始凭证的本质区别在于(　　)。

A. 原始凭证是记账凭证的依据

B. 记账凭证是对原始凭证内容的概括和说明

C. 原始凭证作为记账凭证的附件

D. 记账凭证载有会计分录

12. 如企业采用的是专用记账凭证,对于货币资金内部相互划转的经济业务,应编制(　　)。

A. 只编制收款凭证　　B. 只编制付款凭证

C. 同时编制收付款凭证　　D. 不需编制任何凭证

13. 既要进行金额核算,又要进行数量核算,应采用的明细账格式是(　　)。

A. 多栏式明细分类账　　B. 数量金额式明细分类账

C. 三栏式明细分类账　　D. 辅助式明细分类账

14. 资产负债表中的项目按资产负债的(　　)顺序排列。

A. 流动性　　　　B. 重要性
C. 相关性　　　　D. 金额大小
15. 利润表提供的主要会计信息是(　　)。
A. 企业的经济资源　　　　B. 企业的债权债务
C. 企业的经营成果　　　　D. 企业的财务状况

二、多项选择题(下列各题,有两个或两个以上符合题意的正确答案,请将正确答案填入括号内)

1. 完整的会计程序所涉及的基本步骤应该包括(　　)。
A. 审核原始凭证　　　　B. 编制记账凭证
C. 登记会计账簿　　　　D. 编制财务报表
2. 原始凭证按填制的手续和内容不同,可以分为(　　)。
A. 外来凭证　　　　B. 一次凭证
C. 累计凭证　　　　D. 汇总凭证
3. 按照记账凭证的格式,可以分为(　　)。
A. 专用记账凭证　　　　B. 转账凭证
C. 付款凭证　　　　D. 通用记账凭证
4. 会计账簿按照用途,可以分为(　　)。
A. 序时账簿　　　　B. 分类账簿
C. 付款凭证　　　　D. 备查账簿
5. 总分类账户与明细分类账户平行登记的要点是(　　)。
A. 期间一致　　　　B. 金额相等
C. 方向相同　　　　D. 方向相反
6. 对账的内容包括(　　)。
A. 账簿核对　　　　B. 账证核对
C. 账账核对　　　　D. 账实核对
7. 下列错账中,应用红字更正法的有(　　)。
A. 记账后,发现应借应贷的会计科目有错误
B. 记账凭证没有错误,纯属登账时数字错误

C. 记账后,发现记账凭证和账簿中所记金额大于应记金额,应借应贷会计科目无误

D. 记账后,发现记账凭证和账簿中所记金额小于应记金额,应借应贷会计科目无误

8. 登记账簿后,发现错账,不可以采用补充登记法进行更正的错账有(　　)。

A. 记账凭证中会计科目错误

B. 记账凭证中记账方向错误

C. 记账凭证中错误金额大于正确金额

D. 记账凭证没有错误,而过账中出现文字错误

9. 资产负债表的“存货”项目应根据(　　)总账科目期末余额之和填列。

A. 原材料　　B. 生产成本

C. 交易性金融资产　　D. 库存商品

10. 资产负债表的“预付账款”项目应根据(　　)总账科目所属明细科目的期末借方余额之和填列。

A. 应付账款　　B. 应收账款

C. 预收账款　　D. 预付账款

11. 企业的年度财务报表附注至少应披露的内容包括(　　)。

A. 财务报表的编制基础　　B. 重要会计政策和会计估计的说明

C. 或有事项的说明　　D. 资产负债表日后事项的说明

12. 企业对外公告的会计报表包括(　　)。

A. 资产负债表　　B. 利润表

C. 现金流量表　　D. 所有者权益变动表

三、判断题(在每小题后面的括号内填入判断结果,正确的打“√”,错误的打“×”)

1. 任何会计凭证都必须经过有关人员的严格审核并确认无误后,才能作为记账的依据。(　　)

2. 为避免重复记账，企业将现金存入银行或从银行提取现金的事项，一般只编制收款凭证，不同时编制付款凭证。 ( )

3. 账簿按外表形式不同，可以分为序时账簿、分类账簿和备查账簿。 ( )

4. 在会计记账过程中，如果发生了记账凭证错误而导致账簿记录的错误，就必须使用红字更正法进行错账的更正。 ( )

5. 累计凭证是指在一定时期内连续记载若干项同类经济业务，其填制手续是随着经济业务发生而分次完成的凭证，如限额领料单。 ( )

6. 三栏式明细账适合“原材料”、“库存商品”等账户。 ( )

7. 财务报表按照编制主体的不同，可以分为个别财务报表和合并财务报表。 ( )

8. 利润表是反映企业月末、季末或年末取得的利润或发生的亏损情况的报表。 ( )

9. 资产负债表的“期末数”栏各项目主要是根据总账或有关明细账期末借方余额直接填列。 ( )

10. 企业对外提供的财务报表必须合法、真实和公允。 ( )

四、计算分析题

(一)练习各种凭证的运用

某企业 2015 年 5 月份发生的经济业务如下：

(1)3 日，向伟华公司购进生产用原材料一批，价款 30 000 元，增值税进项税额 5 100 元，该批材料已经验收入库，款项尚未支付。

(2)4 日，以现金支付上述原材料的运输费 3 000 元，装卸费 500 元。

(3)9 日，以银行存款支付上月电费共计 2 000 元。

(4)15 日，向银行借入短期借款 100 000 元，存入银行。

(5)30 日，计提本月应负担的银行借款利息 800 元。

要求：根据以上经济业务，编制相应的记账凭证。

（二）熟练运用各种更正错账方法

某企业 2015 年 12 月末在进行账簿记录和记账凭证核对时，发现错账如下：

（1）5 日，车间从仓库领用原材料 880 元，原编制的记账凭证中的会计分录为：

借：管理费用　　880

　贷：原材料　　880

（2）8 日，以银行存款 23 400 元偿还前欠的购货款，原编制的记账凭证中的会计分录为：

借：预付账款　　23 400

　贷：银行存款　　23 400

（3）13 日，收到外单位退回的上月已销售 10 件不合格商品，销售单价 100 元，生产成本 70 元，原编制的记账凭证中的会计分录为：

借：库存商品　　1 000

　贷：主营业务成本　　1 000

（4）购入材料 300 000 元，款项已付，材料已经入库，原编制的记账凭证中的会计分录为：

借：原材料　　30 000

　贷：银行存款　　30 000

（5）预提应由本月负担的银行短期借款利息支出 12 000 元，原编制的记账凭证中的会计分录为：

借：财务费用　　12 000

　贷：应付利息　　12 000

登记账簿时，在“应付利息”账簿上记录的金额为 120 000 元

（三）练习资产负债表的编制

1. 资料：某公司 2015 年年末有关账户调整后余额如下：

资产	借方余额	贷方余额	负债及所有者权益	借方余额	贷方余额
库存现金	3 000		短期借款		15 000
银行存款	45 000		应付账款		30 000
应收账款	75 000		预收账款		45 000
坏账准备		375	其他应付款		18 000
预付账款	6 000		应交税金		34 800
原材料	100 500		长期借款		12 000
包装物	4 500		实收资本		120 000
生产成本	6 000		资本公积		3 825
库存商品	27 000		盈余公积		12 000
固定资产	750 000		利润分配		15 000
累计折旧		30 000			
在建工程	15 000				
无形资产	12 000				
合计	1 044 000	30 375	合计		1 013 625

要求:请按上述资料编制该公司 2015 年 12 月 31 日的资产负债表。

五、对答题

(一)什么是会计凭证,会计凭证有什么重要作用?

答:企业单位在日常经营过程中,会进行各种各样的经济活动,为了保证会计信息的可靠性和可稽核性,如实地反映各种经济业务对企业会计诸要素的影响情况,这就要求企业对外或对内所发生的每一项经济业务,都应该在其发生时具有相关的书面文件来载明这些数据。这些具有一定格式,用以记录经济业务发生和完成情况、明确经济责任的书面证明,就是会计凭证。会计凭证一方面显示了经济业务的发生,明确有关单位、经办人的责任，另一方面表明相关责任人对书面文件所反映的有关内容的合法性、合理性和真实性负责。

（二）什么是记账凭证，记账凭证与原始凭证的区别和联系有哪些？

答：记账凭证是会计人员根据审核无误的原始凭证或原始凭证汇总表归类、整理、确定会计分录，简要说明经济业务内容编制的，作为登记账簿直接依据的会计凭证。原始凭证与记账凭证之间存在着密切的联系，原始凭证是记账凭证的基础，记账凭证是根据原始凭证编制的。原始凭证附在记账凭证后面作为记账凭证的附件，记账凭证是对原始凭证内容的概括和说明。记账凭证与原始凭证的本质区别就在于记账凭证上载有会计分录。

（三）错账更正有哪些具体方法？如何使用这些方法？

答：错账更正方法有三种：划线更正法、红字更正法和补充登记法。在结账前，如果发现账簿记录有错误，而记账凭证没有错误，即纯属账簿记录中的文字或数字笔误，可用划线法予以更正；以下两种情况，需用红字更正法予以更正。第一，记账凭证中会计科目、记账方向有误而造成账簿登记出现错误；第二，记账凭证中会计科目、记账方向正确，但所记金额大于应记金额，导致账簿登记金额出现错误；补充登记法适用于记账凭证中会计科目、记账方向正确，但所记金额小于应记金额，导致账簿登记金额出现错误。更正方法是将少计的金额，用蓝字填制一张会计科目、借贷方向与原记账凭证相同的记账凭证，并据以入账即可。

（四）什么是资产负债表，有何作用？

答：资产负债表是反映企业在某一特定日期财务状况的财务报表。资产负债表遵循了“资产＝负债＋所有者权益”这一会计恒等式，企业编制资产负债表的目的是如实反映企业在资产负债表日所拥有的资源、所承担的债务和所有者拥有的权益金额及其结构情况。通过资产负债表,可以帮助使用者了解企业在某一特定日期所拥有或控制的资产总量及其结构;了解企业未来需要多少资产或劳务清偿债务以及清偿时间;判断资本保值、增值的情况以及对负债的保障程度并且为财务分析提供基本资料。

(五)什么是利润表,有何作用?

答:利润表是反映企业在某一会计期间经营成果情况的报表,反映了企业经营业绩的主要来源和构成。利润表是一张动态报表。企业编制利润表的目的是如实反映企业实现的收入、发生的费用以及应当计入当期利润的利得和损失等金额及其结构情况,判断企业在该期间内的投入与产出的比例关系,从而有助于使用者分析评价企业的盈利能力及其构成质量,预测企业的盈利趋势。

(六)什么是附注,有何作用?

答:附注是对在资产负债表、利润表、现金流量表和所有者权益变动表等报表中列示项目的文字描述或明细资料,以及对未能在这些报表中列示项目的说明等。通过与报表列示项目的相互参照,能够使信息使用者更加全面深刻地理解报表内容。

第四章参考答案

一、单项选择题

1. D　2. C　3. A　4. B　5. D　6. B　7. D　8. A　9. B　10. C　11. D　12. B　13. B　14. A　15. C

二、多选题

1. ABCD　2. BCD　3. AD　4. ABD　5. ABC　6. BCD　7. AC　8. ABCD　9. ABD　10. AD　11. ABCD　12. ABCD

三、判断题

1. √　2. ×　3. ×　4. ×　5. √　6. ×　7. √　8. ×　9. ×　10. √

四、计算分析题

（一）

答:1.编制转账凭证;2.编制现付凭证;3.编制银付凭证;4.编制银收凭证;5.编制转账凭证

（二）

答:1.红字更正法。先用红字填写一张内容与原错误记账凭证完全相同的记账凭证,并据以用红字金额登记入账,冲销原错误记录。

借:管理费用　　　　880

　　贷：原材料　　880

然后，再用蓝字填制一张正确的记账凭证，并据以登记入账

借：制造费用　　880

　　贷：原材料　　880

2.红字更正法。先用红字填写一张内容与原错误记账凭证完全相同的记账凭证，并据以用红字金额登记入账，冲销原错误记录。

借：预付账款　　23 400

　　贷：银行存款　　23 400

然后，再用蓝字填制一张正确的记账凭证，并据以登记入账。

借：应付账款　　23 400

　　贷：原材料　　23 400

3.红字更正法。红字冲销多记的金额。

借：库存商品　　300

　　贷：主营业务成本　　300

4.补充登记法

借：原材料　　270 000

　　贷：银行存款　　270 000

5.划线更正法，将账簿中的120 000更正如下。

　　贷：应付利息　　12 000
~~120 000~~

某某

（表示责任人签章）

（三）

答：

资产负债表

编制单位:某公司　　　　2015 年 12 月 31 日　　　　单位:元

资　产	期末余额	期初余额（略）	负债及所有者权益	期末余额	期初余额（略）
流动资产：			流动负债：		
货币资金	48 000		短期借款	15 000	
交易性金融资产	0		交易性金融负债	0	
应收票据	0		应付票据	0	
应收账款	74625		应付账款	30 000	
预付账款	6 000		预收账款	45 000	
应收利息	0		应付职工薪酬	0	
应收股利	0		应交税费	34 800	
其他应收款	0		应付利息	0	
存货	138 000		应付股利	0	
一年内到期的非流动资产	0		其他应付款	18 000	
其他流动资产	0		一年内到期的非流动负债	0	
流动资产合计	266 625		其他流动负债	0	
非流动资产：			流动负债合计	142 800	
可供出售金融资产	0		非流动负债：	120 000	
持有至到期投资	0		长期借款	0	
长期应收款	0		应付债券	0	
长期股权投资	0		长期应付款	0	
投资性房地产	0		专项应付款	0	
固定资产	720 000		预计负债	0	
在建工程	15 000		递延所得税负债	0	
工程物资	0		其他非流动负债	0	
固定资产清理	0		非流动负债合计	120 000	

续　表

资产	期末余额	期初余额（略）	负债及所有者权益	期末余额	期初余额（略）
生产性生物资产	0		负债合计	262 800	
油气资产	0		股东权益：	0	
无形资产	12 000		实收资本	720 000	
开发支出	0		资本公积	3825	
商誉	0		减：库存股	0	
长期待摊费用	0		盈余公积	12 000	
递延所得税资产	0		未分配利润	15 000	
其他非流动资产	0		股东权益合计	750 825	
非流动资产合计	747 000				
资产合计	1 013 625		负债及所有者权益合计	1013 625	

第二篇　财务报表的解读和列报

第五章 资产负债表流动资产项目的列报和解读

本章是《会计学》课程的重点章节。通过本章的学习，一方面可以帮助学生掌握资产负债表的主要结构，流动资产项目的主要内容、项目所涉及账户概念等，为学生提供报表的编制及内容解释及分析方法的讲解，另一方面也可以通过对会计项目内涵的比较，从分析的视角帮助学生了解报表数据的取得，其经济意义及上述数据在企业财务状况分析中的重要作用，并为后续内容介绍提供方法基础。本章学习必须掌握的知识点和基本概念如下：

掌握的知识点

1. 了解资产负债表的概念、作用结构及其在分析企业财务状况中的作用。

2. 理解流动资产项目的构成及其分项内涵与区别。

3. 理解会计报表的编制要求，包括数据取得、计算。

4. 重点掌握货币资金、交易性金融资产、应收款项、存货组成项目、主要核算内容和报表的披露。

5. 理解交易折扣、现金折扣的意义及其对报表数据的影响。

6. 掌握坏账准备的计提方法及其对会计报表的影响。

7. 理解存货发出不同的方法及其对企业财务报表数据的影响。

掌握的基本概念

会计报表 资产负债表 披露 列报 流动资产 报表项目 库存现金 银行存款 其他货币资金 交易性金融资产 应收账款 应

收票据　预收账款　其他应收款　坏账准备　原材料　在途物资　生产成本　库存商品　包装物　低值易耗品

练习题

一、单项选择题(在备选答案中选取一个最佳答案)

1. 以下可以办理日常结算和现金收付业务的账户是(　　)。

A. 基本存款账户　　B. 一般存款账户

C. 临时存款账户　　D. 专用存款账户

2. A公司于2007年4月5日从证券市场上购入B公司发行在外的股票100万股作为交易性金融资产,每股支付价款5元(含已宣告但尚未发放的现金股利1元),另支付相关费用8万元,A公司交易性金融资产取得时的入账价值为(　　)万元。

A. 408　　B. 400

C. 500　　D. 508

3. 蓝天公司2015年2月10日因销售商品应收光明公司的一笔应收账款2 000万元,2015年12月31日,该笔应收账款的未来现金流量现值为1 900万元,在此之前未计提坏账准备,2015年12月31日,该笔应收款项应计提的坏账准备为(　　)万元。

A. 250　　B. 100

C. －100　　D. 0

4. 已确认的坏账又收回时,应借记(　　)科目,贷记“坏账准备”科目。

A. 应收账款　　B. 银行存款

C. 管理费用　　D. 营业外收入

5. 某企业在2015年10月8日销售商品100件,增值税专用发票上注明的价款为20 000元,增值税额为3 400元。企业为了及早收回货款而在合同中规定的现金折扣条件为:2/10,1/20,n/30(假定计算现金折扣时不考虑增值税）。如买方 2015 年 10 月 24 日付清货款，该企业实际收款金额应为（　　）元。

A. 22 932　　B. 23 000

C. 23 166　　D. 23 200

6. 关于交易性金融资产的计量，下列说法中正确的是（　　）。

A. 应当按取得该金融资产的公允价值和相关交易费用之和作为初始确认金额

B. 应当按取得该金融资产的公允价值作为初始确认金额，相关交易费用在发生时计入当期损益

C. 资产负债表日，企业应将金融资产的公允价值变动计入当期所有者权益

D. 处置该金融资产时，其公允价值与初始入账金额之间的差额应确认为投资收益，不调整公允价值变动损益

二、多项选择题（下列各题，有两个或两个以上符合题意的正确答案，请将正确答案填入括号内）

1. 企业采用备抵法对应收款项坏账进行核算，本期以下项目中应计入“坏账准备”科目贷方的有（　　）。

A. 发生的坏账损失

B. 已经作为坏账核销的应收账款又收回

C. 期末估计坏账损失与调整前“坏账准备”科目借方余额的合计金额

D. 期末估计坏账损失小于调整前“坏账准备”科目贷方余额的差额部分

2. 下列各项中可以记入“应收账款”账户的有（　　）。

A. 销售商品价款　　B. 销售商品的增值税款

C. 代购货单位垫付的运杂费　　D. 现金折扣

3. 银行存款账户可分为（　　）。

A. 一般存款账户　　B. 临时存款账户

C. 专用存款账户　　　　　　D. 基本存款账户

4. 按照《内部会计控制规范——货币资金》的要求，货币资金监督检查的主要内容包括(　　)。

A. 是否存在货币资金业务不相容职务岗位混岗现象

B. 是否存在货币资金支出越权审批的行为

C. 是否存在办理付款业务的全部印章交由一人保管

D. 是否存在票据购买、领用、保管的漏洞

5. 存货的确认是以法定产权的取得为标志的。具体来说下列哪些项目属于企业存货的范围(　　)。

A. 已经购入但尚未运达本企业的货物

B. 已售出但货物尚未运离本企业的存货

C. 已经运离企业但尚未售出的存货

D. 未购入但存放在企业的存货

6. 按现行制度规定，需要在“应收票据”核算的票据包括(　　)。

A. 银行汇票　　　　　　B. 银行本票

C. 商业承兑汇票　　　　D. 银行承兑汇票

三、判断题(在每小题后面的括号内填入判断结果，正确的打“√”，错误的打“×”)

1. “库存现金”账户反映企业的库存现金，包括企业内部各部门周转使用、由各部门保管的定额备用金。(　　)

2. 为了简化现金收支手续，企业可随时坐支现金。(　　)

3. 为了减员增效，企业的出纳人员除登记现金和银行存款日记账外，还可以进行债权债务账目的登记工作。(　　)

4. 采用备抵法核算坏账的情况下，发生坏账时所作的冲销应收账款的会计分录，会使资产及资本同时减少相同数额。(　　)

5. “坏账准备”账户期末余额在贷方，在资产负债表上列示时，应列示于流动负债项目中。(　　)

6. 在备抵法下，已确认并已转销的坏账损失，以后又收回的，仍然

应通过“应收账款”账户核算，并贷记“资产减值损失”账户。（　　）

四、计算分析题

（一）某企业采用应收账款余额百分比法核算坏账损失，坏账准备的提取比例为5%，有关资料如下：

（1）该企业2 000年末应收账款余额为1 000 000元。

（2）2001年末应收账款余额为2 200 000元，2001年未发生坏账损失。

（3）2002年6月，经有关部门确认一坏账损失，金额为18 000元。

（4）2002年10月，上述已核销的坏账又收回5 000元。

（5）2002年年末应收账余额为2 000 000元。

要求：根据上述资料，分析上述业务对报表项目的影响（可以通过编制有关会计分录的方法）。

（二）2015年1月8日，甲公司购入丙公司发行的公司债券．该笔债券于2014年7月1日发行，面值为2 500万元，票面利率为4%，债券利息按年支付。甲公司将其划分为交易性金融资产，支付价款为2 600万元（其中包含已宣告发放的债券利息50万元），另支付交易费用30万元。2015年2月5日，甲公司收到该笔债券利息50万元。2016年2月10日，甲公司收到债券利息100万元。

要求：编制有关会计分录，并分析其影响。

（三）某企业2015年3月某材料有关的收、发、存的明细资料如下：

日期		摘要	收入			发出			结存		
月	日		数量	单价	金额	数量	单价	金额	数量	单价	金额
3	1	余额							600	5	3 000
3	3	购入	300	5.30	1 590				900		
3	7	发出				400			500		

续表

日期		摘要	收入			发出			结存		
月	日		数量	单价	金额	数量	单价	金额	数量	单价	金额
3	12	购入	200	6	1 200				700		
3	16	发出				500			200		
3	24	购入	300	5	1 500				500		
3	31	合计	800		4 290	900			500		

要求:分别采用先进先出法、一次加权平均法和移动加权平均法计算发出材料的成本和月末结存材料的成本。

五、对答题

1. 问:企业流动资产项目与流动资产账户是否是差不多的概念?
答:不是,流动资产项目可以是部分账户经过加减处理后的金额。

2. 问:企业经济业务只会影响资产负债表项目吗?
答:不是,可以影响资产负债表项目,也可以影响利润表项目。

3. 问:交易性金融资产与可供出售之金融资产是否是同一概念?
答:不是,其投资目的与作用是不同的。

第五章参考答案

一、单项选择题

1. A　2. A　3. B　4. A　5. D　6. B

二、多项选择题

1. BC　2. ABCD　3. ABCD　4. ABCD　5. AC　6. CD

三、判断题

1.×　2.×　3. ×　4. ×　5. ×　6. ×

四、计算分析题

(一)答案:

(1)2000 年年末应计提坏账准备＝1 000 000×5％＝50 000(元)

借:资产减值损失　　50 000

　贷:坏账准备　　50 000

(2)2001 年应计提坏账准备＝2 200 000×5％－50 000＝60 000(元)

借:资产减值损失　　60 000

　贷:坏账准备　　60 000

(3)2002 年 6 月确认坏账损失

借:坏账准备　　18 000

　贷:应收账款　　18 000

(4)2002 年 10 月，上述已核销的坏账又收回 5 000 元

借：银行存款　　5 000

　　贷：应收账款　　5 000

借：应收账款　　5 000

　　贷：坏账准备　　5 000

(5)2002 年应计提坏账准备＝2 000 000×5％－110 000＋18 000－5 000＝3 000(元)

借：资产减值损失　　3 000

　　贷：坏账准备　　3 000

将对资产负债表的应收账款项目净额产生影响，并对企业利润表产生影响

(二)答案

(1)2015 年 1 月 8 日购进丙公司债券

借：应收利息　　50

　　投资收益　　30

　　交易性金融资产—成本　　2 550

　　贷：银行存款　　2 630

(2)2015 年 2 月 5 日，甲公司收到该笔债券利息 50 万元

借：银行存款　　50

　　贷：应收利息　　50

(3)2015 年 12 月 31 日，确认 2015 年债券利息

借：应收利息　　100

　　贷：投资收益　　100

(4)2016 年 2 月 10 日，甲公司收到债券利息 100 万元

借：银行存款　　100

　　贷：应收利息　　100

将对货币资金、应收利息、交易性金融资产等项目数据产生影响，并对企业利润表数据产生影响。

（三）答案

（1）先进先出法发出材料成本＝400×5＋200×5＋300×5.30＝4 590（元）

月末结存材料成本＝1 200＋1 500＝2 700（元）

（2）一次加权平均成本＝（3 000＋1 590＋1 200＋1 500）÷（600＋300＋200＋300）＝5.21（元）

发出材料成本＝900×5.21＝4 689（元）

月末结存材料成本＝7 290－4 689＝2 601（元）

（3）第一加权平均成本＝（3 000＋1 590）÷（600＋300）＝5.1（元）

第一次发出材料成本＝400×5.1＝2 040（元）

第二次购入材料后的加权平均成本＝（2 550＋1 200）÷（500＋200）≈5.36（元）

第二次发出材料成本＝（2 550＋1 200）－（200×5.36）＝2 678（元）

发出材料成本＝2 678＝4 718（元）

月末结存材料成本＝7 290－4 718＝2 572（元）

第六章　资产负债表非流动资产项目的解读和列报

非流动资产是指不准备在1年内或者超过1年的一个营业周期内变现或耗用的资产。企业拥有非流动资产的目的是为了经营上长期使用或为达到某种特殊利益的对外投资，是体现企业规模、综合竞争实力、研发能力及未来持续发展能力的资产。主要包括可供出售金融资产、持有至到期投资、长期股权投资、长期应收款、投资性房地产、固定资产、无形资产、长期待摊费用以及其他非流动资产等。本章必须掌握的知识点和基本概念如下：

掌握的知识点

1. 了解非流动资产的主要内容。

2. 理解持有至到期投资的含义与确认条件，了解持有至到期投资取得时的初始计量及持有期间的后续处理方法。

3. 理解长期股权投资的含义与确认条件，了解长期股权投资取得时的初始计量及持有期间的后续处理方法。

4. 理解固定资产的含义与确认条件，掌握固定资产取得时的初始计量、固定资产折旧的计算方法及其会计处理，了解固定资产处置与清查的会计处理。

5. 理解无形资产的含义与确认条件，掌握无形资产取得时的初始计量及其会计处理、无形资产摊销的会计处理，了解无形资产处置的会计处理。

6. 了解可供出售金融资产、投资性房地产、长期待摊费用等其他非流动资产的含义。

掌握的基本概念

非流动资产　持有至到期投资　可供出售金融资产　长期股权投资　固定资产　累计折旧　无形资产　累计摊销　投资性房地产　长期待摊费用

练习题

一、单项选择题(在备选答案中选取一个最佳答案)

1. 甲公司与乙公司共同出资设立丙公司，经甲、乙双方协议，丙公司的董事长由乙公司委派，甲方的出资比例为40%，股东按出资比例行使表决权。在这种情况下(　　)。

A. 甲公司采用权益法核算该长期股权投资，乙公司采用成本法核算该长期股权投资

B. 甲公司采用成本法核算该长期股权投资，乙公司采用权益法核算该长期股权投资

C. 甲公司和乙公司均采用成本法核算该长期股权投资

D. 甲公司和乙公司均采用权益法核算该长期股权投资

2. 企业购入M公司发行的可转换债券，准备持有到期，该项目应计入(　　)。

A. 持有至到期投资　　B. 长期股权投资

C. 长期混合型证券投资　　D. 长期合同投资

3. 甲公司收到乙公司投入设备一台，该设备在乙公司的账面原价为50 000元，预计使用期限为5年，已使用2年，账面净值为30 000元。双方协商作价40 000元，甲公司的“实收资本”账户应记金额为(　　)元。

A. 20 000元　　B. 30 000元

C. 40 000元　　D. 50 000元

4. 累计折旧的性质属于(   )。

A. 费用　　B. 负债

C. 资产的减项　　D. 成本

5. 某公司购入全新机器一台,价款 50 000 元,增值税 8 500 元。另付运费 2 000 元,保险费 1 000 元。运输途中因违规被罚支出 1 000 元,同时因不慎破损,修理该机器支付修理费 2 000 元。运抵公司后试车调试费支付 500 元。则该机器入账的原价为(   )元。

A. 53 500 元　　B. 56 500 元

C. 58 500 元　　D. 65 000 元

6. 多计折旧将使报表中(   )。

A. 资产的净值偏低　　B. 资产的净值虚增

C. 负债增加　　D. 对资产及负债均不产生影响

7. 一台设备原值 100 万元,预计使用年限 5 年,预计净残率为 5%,采用双倍余额递减法计提折旧,则 5 年内计提折旧总额为(   )万元。

A. 100　　B. 95

C. 102　　D. 82

8. 2009 年 12 月 31 日,公司取得成本为 500 000 元的机器一台,采用双倍余额递减法计提折旧,估计使用年限为 10 年,无残值。2 年后(2012 年初),决定改用直线法计提折旧,则因此使 2012 年折旧费用降低(   )元。

A. 24 000　　B. 64 000

C. 40 000　　D. 32 000

9. 某企业出售一台设备(不考虑相关税金),原价 160 000 元,已提折旧 45 000 元,出售设备时发生各种清理费用 3 000 元,出售设备所得价款 113 000 元。该设备出售净收益为(   )元。

A. －2 000　　B. 2 000

C. 5 000　　D. －5 000

10. 某企业以 350 万元的价格转让一项无形资产。该无形资产原购入价 450 万元,合同规定的受益年限为 10 年,法律规定的有效使用年限为 12 年,转让时已使用 4 年。不考虑减值准备及其他相关税费。企业在转让该无形资产时确认的净收益为(　　)万元。

A. 350　　B. 50

C. 80　　D. －100

11. 固定资产的报废损失应在(　　)账户。

A. 营业外支出　　B. 营业外收入

C. 累计折旧　　D. 其他业务成本

12. 在资产负债表上固定资产反映的是企业(　　)的净值。

A. 固定资产原值

B. 固定资产原值－累计折旧

C. 累计折旧

D. 固定资产原值－累计折旧－固定资产减值准备

二、多项选择题(下列各题,有两个或两个以上符合题意的正确答案,请将正确答案填入括号内)

1. 企业购入股票作为长期股权投资,采用权益法核算的情况下,长期股权投资的初始投资成本包括(　　)。

A. 购入时实际支付的价款

B. 实际支付的价款中包含的已宣告但尚未领取的现金股利

C. 购入时实际支付的相关费用

D. 为取得长期股权投资而发生的直接相关费用

2. 固定资产的特点包括(　　)。

A. 实物形态不变

B. 供生产经营用,而不是为了销售

C. 使用期限较长

D. 其价值部分地、逐渐地丧失或减少

3. 购入的固定资产其入账价值应包括(　　)及安装费等。

A. 买价　　B. 增值税

C. 途中保险费　　D. 运费

4. 固定资产的损耗包括(　　)。

A. 有形损耗　　B. 无形损耗

C. 功能损耗　　D. 使用价值损耗

5. 计提折旧应考虑的因素有(　　)。

A. 固定资产原值　　B. 预计使用年限

C. 预计清理费用　　D. 预计残值

6. 下列关于计提固定资产折旧的说法中正确的有(　　)。

A. 公司当月增加的固定资产当月开始计提折旧

B. 公司当月减少的固定资产当月照提折旧

C. 提前报废但未提足折旧的固定资产不再补提折旧

D. 固定资产提足折旧后仍继续使用的仍需计提折旧

7. 下列固定资产本月应计提折旧的有(　　)。

A. 房屋、建筑物　　B. 季节性停用的设备

C. 出租的机器　　D. 经营性租入的设备

8. 报废固定资产清理后的损溢应作为(　　)。

A. 营业收入　　B. 营业成本

C. 营业外收入　　D. 营业外支出

9. 以下可以作为企业的无形资产核算的有(　　)。

A. 专利权　　B. 专有技术

C. 商标　　D. 商誉

10. 企业在自行开发并取得专利权的过程中所发生的下列费用,不计入该专利权入账价值的有(　　)。

A. 依法取得专利权发生的注册费

B. 依法取得专利权发生的聘请律师费

C. 研究过程中领用的材料

D. 研究过程中发生的人工费

11. 非流动资产项目包括(　　)。

A. 固定资产

B. 持有至到期投资

C. 无形资产

D. 研究过程中发生的人工费

12. 在资产负债表上反映企业无形资产的项目包括(　　)。

A. 无形资产

B. 开发支出

C. 商誉

D. 研究阶段发生的调研费用

三、判断题(在每小题后面的括号内填入判断结果,正确的打"√",错误的打"×")

1. 在成本法下,长期股权投资的账面价值随着被投资企业所有者权益的变动而变动。(　　)

2. 无论是股票投资或是债券投资,其投资收益与持有时间长短都没有关系。(　　)

3. 全新固定资产应按其实际成本计价记入"固定资产"账户,而接受捐赠取得的固定资产由于未发生任何成本,所以不能记入"固定资产"账户,只需在备查账中记录。(　　)

4. 固定资产使用费,包括折旧费和修理费。(　　)

5. 少计折旧导致高估资产,高估收益。(　　)

6. 如果固定资产在其服务期内各年提供的服务大致相同,则宜采用直线法计提折旧。(　　)

7. "固定资产"账户反映固定资产的净值。(　　)

8. 无形资产成本在取得的当月不进行摊销,从下月开始进行摊销。(　　)

9. 企业出售无形资产和出租无形资产取得的收益,均应作为其他业务收入。(　　)

10. 长期待摊费用是指企业已经发生但应由本期和以后各期共同负担的分摊期限在一年以上的各项费用，如以经营租赁方式租入的固定资产发生的改良支出等。（　　）

四、计算分析题

（一）ABC 公司发行 5 年期的债券，发行时的市场利率为 6%，每年付息一次。甲公司购入一批 ABC 公司债券，面值 5 000 000 元，准备持有至到期收回。按下列情况分别计算甲公司每年可获得的投资收益及各年末持有至到期投资余额。

1. ABC 公司发行债券的票面利率 6%，甲公司以 5 000 000 元购买。

2. ABC 公司发行债券的票面利率 7%，甲公司以 5 250 000 元购买。

3. ABC 公司发行债券的票面利率 5%，甲公司以 4 750 000 元购买。

（二）2010 年 12 月 20 日，甲公司购入一台不需要安装的机器设备，价款 47 000 元，增值税 7 990 元，另支付运输费 2 000 元，保险费 1 000 元，款项均以银行存款支付。该设备即日起投入基本生产车间使用，预计可使用 5 年，预计净残值为 2 000 元。

要求：(1)计算机器设备的原始价值。

(2)用双倍余额递减法计算甲公司 2012 年度的折旧额。

(3)用年数总和法计算甲公司 2013 年度的折旧额。

五、对答题

（一）在学习对外投资业务的过程中，学生王浩认为投资核算并不困难，对外投资的基本目的就是为了赚钱，投资有了回报就是取得了投资收益，收到多少钱就实现了多少投资收益，凡是被投资方发放的股利或利息都应该列为投资收益。这样理解正确吗?

答:这样理解不正确。在投资业务的核算中,有些股权投资项目收到了股利,却不能算收益,比如采用权益法核算长期股权投资业务,收到的现金股利应作为冲减"长期股权投资"处理;有些股权投资项目没有收到一分钱,却可以确认收益。对于债权性投资项目,同样是收到5 000元的利息,有的项目确认的收益比5 000元要少,而有些项目则确认的收益比5 000元要多,因为购买债券的价款存在着溢价和折价等问题。

(二)富邦公司在两年前投资103.5万元该买了1 000份实达公司发行的5年期公司债,每份面值1 000元,计划持有至到期日。该债券票面利率8%,每年7月1日付息一次。今年7月收到实达公司支付的利息8万元。公司实习生王浩认为,收到的债券利息应直接作为投资收益处理。你认为正确吗?

答:这样处理不正确。这8万元不应该全部作为投资收益,其中有一部分应该用于调整债券溢价。债券溢价发行的原因是由于债券的票面利率大于发行时的市场利率,对于发行方来讲,债券溢价收入是对其以后多付利息的补偿;对于购买方来讲,购买时支付的溢价款项则是对其以后多收利息而付出的代价。债券的溢价款项要在债券存续期间内进行摊销,作为对利息的调整。也就是说,富邦公司所确认的投资收益要少于8万元。

第六章参考答案

一、单项选择题

1. A　2. A　3. C　4. C　5. A　6. A　7. B　8. A　9. D　10. C　11. A　12. D

二、多选题

1. ACD　2. ABCD　3. ACD　4. AB　5. ABCD　6. BC　7. ABC　8. CD　9. ABC　10. CD　11. ABC　12. AB

三、判断题

1. ×　2. ×　3. ×　4. √　5. √　6. √　7. ×　8. ×　9. ×　10. √

四、计算分析题

(一)

答:1. 甲公司面值购买的债券,每年的投资收益＝5 000 000×6%＝300 000(元)。

期末余额＝债券面值

2. 甲公司溢价购买的债券:

债券票面收益＝5 000 000×7%＝350 000(元)

债券溢价摊销＝250 000÷5＝50 000(元)

债券实际收益＝350 000－50 000＝300 000(元)

第一年末持有至到期投资余额＝5 250 000－50 000
＝5 200 000(元)

第二年末持有至到期投资余额＝5 200 000－50 000
＝5 150 000(元)

第三年末持有至到期投资余额＝5 150 000－50 000
＝5 100 000(元)

第四年末持有至到期投资余额＝5 100 000－50 000
＝5 050 000(元)

第五年末持有至到期投资余额＝5 050 000－50 000
＝5 000 000(元)

3. 甲公司折价购买的债券：

债券票面收益＝5 000 000×5％＝250 000(元)

债券折价摊销＝250 000÷5＝50 000(元)

债券实际收益＝250 000＋50 000＝300 000(元)

第一年末持有至到期投资余额＝4 750 000＋50 000
＝4 800 000(元)

第二年末持有至到期投资余额＝4 800 000＋50 000
＝4 850 000(元)

第三年末持有至到期投资余额＝4 850 000＋50 000
＝4 900 000(元)

第四年末持有至到期投资余额＝4 900 000＋50 000
＝4 950 000(元)

第五年末持有至到期投资余额＝4 950 000＋50 000
＝5 000 000(元)

(二)

答：1. 机器设备的原始价值：47 000＋2 000＋1 000＝50 000(元)

2. 2012 年的折旧额：(50 000－50 000×40％)×40％＝12 000(元)

3. 2013 年的折旧额：(50 000－2 000)×3÷15＝9 600(元)

第七章　资产负债表中负债项目的解读和列报

本章是《会计学》课程的重点章节。这章的学习主要帮助学生了解负债项目的组成，其中流动负债包含哪些，非流动负债包含哪些？各自在报表上如何列报和披露，并结合例子对报表中数据所体现的具体内容进行解读。本章必须掌握的知识点和基本概念如下：

掌握的知识点

1. 必须了解负债是由流动负债和非流动负债组成。在报表上披露在哪部分？与资产、所有者权益之间的关系如何？

2. 熟悉流动负债具体组成项目。每个项目核算的内容是什么？在制度上有何规定和要求？具体在报表上如何列报？

3. 掌握非流动负债的具体组成项目，每个项目核算的内容，在制度上的规定和要求以及在报表上的列报。

4. 必须掌握流动负债的应付票据、应付职工薪酬、应交税费的具体核算内容。

5. 必须了解采用长期借款、应付债券、长期应付款、专项应付款等非流动负债筹资的条件。

掌握的基本概念

短期借款　应付票据　应付账款　应付职工薪酬　应交税费　预收账款　应付职工薪酬　应交税费　应付利息　应付股利　其他应付款　长期借款　应付债券　长期应付款　专项应付款

练习题

一、单项选择题(在备选答案中选取一个最佳答案)

1.“预付账款”账户明细账中若有贷方余额,应列入资产负债表中的项目是(　　)。

A. 应收账款　　B. 预收账款

C. 应付账款　　D. 其他应付款

2. 按现行会计制度规定,短期借款所发生的利息,一般应计入(　　)。

A. 管理费用　　B. 营业外支出

C. 财务费用　　D. 短期借款

3. 短期借款在资产负债表中的反映是按其(　　)列示。

A. 余额　　B. 短期借款本金加利息

C. 本金　　D. 借入款

4. 某企业因采购商品开出 6 个月期限的商业票据一张。该票据的票面价值为 100 000 元,票面年利率为 10%。该应付票据到期时,企业应支付的价款为(　　)元。

A. 105 000　　B. 100 000

C. 101 000　　D. 115 000

5. 某一般纳税企业从其他企业购入原材料一批,货款为 100 000 元,支付增值税额 17 000 元,对方代垫运杂费 3 000 元。该原材料已经验收入库,但未付款。该购买业务所产生的应付账款的入账价值为(　　)元。

A. 120 000　　B. 100 000

C. 103 000　　D. 117 000

6. 企业销售商品,收到购买方开具的银行承兑汇票,对于购买企业来说,属于(　　)。

A. 应收票据　　B. 应付票据

C. 应收账款　　D. 预付账款

二、多项选择题(下列各题,有两个或两个以上符合题意的正确答案,请将正确答案填入括号内)

1. 下列属于非流动负债的有(　　)。

A. 应付票据　　B. 专项应付款

C. 应付债券　　D. 预收账款

2. 下列项目中,属于其他应付款核算范围的有(　　)。

A. 暂收款项

B. 经营租入固定资产的应付租金

C. 应付其他单位款项

D. 出借包装物押金

3. 长期借款所发生的利息费用,可以计入的项目有(　　)。

A. 财务费用　　B. 在建工程

C. 管理费用　　D. 开办费

4. 工资核算的主要内容包括(　　)。

A. 提取现金的核算　　B. 代扣款项的核算

C. 发放工资的核算　　D. 工资费用分配的核算

5. 职工薪酬主要由(　　)组成。

A. 短期薪酬　　B. 离职后福利

C. 辞退福利　　D. 其他长期职工福利

6. 根据收入计算的税金有(　　)。

A. 增值税　　B. 消费税

C. 企业所得税　　D. 房产税

7. 在报表上一般都是根据有关账户的余额填列有(　　)。

A. 应付利息　　B. 应付股利

C. 应付债券　　D. 预收账款

三、判断题(在每小题后面的括号内填入判断结果,正确的打“√”,错误的打“×”)

1. 列入资产负债表的非流动负债是指偿还时间超过一年或一个经营期以上的债务。 ( )

2. 对于带息应付票据,偿付时所支付的利息应作为管理费用入账。 ( )

3. 长期负债的利息费用均应计入当期损益。 ( )

4. 负债项目的长期借款根据账户的期末余额披露在利润表上。 ( )

5. 办理银行承兑汇票时向承兑银行支付的承兑手续费,应作为财务费用处理。 ( )

6. 披露和列报资产负债表日的非流动负债是按列报当期实际负债的金额披露和列报。 ( )

7. 纳税人所有进项税额均可从销项税额中抵扣。 ( )

8. 预收货款不多的企业,可以不设置“预收账款”账户,发生的预收货款通过“应收账款”账户贷方核算。 ( )

9. 应付账款是企业购买材料、商品等支付给供货者的款项,在报表上反映的是某时日企业欠销售方的购买材料、商品等发生的买价和利息 ( )

10. 长期借款在报表上的列报一般根据“长期借款”账户的期末余额直接抄录,若长期借款偿还时间还有一年了,则要将只剩一年的借款金额依然列入“非流动负债”项目。 ( )

四、计算题

(一)某企业核定为小规模纳税企业,本期购入原材料,增值税专用发票上记载售价 200 000 元,增值税 34 000 元,企业开出商业承兑汇票,材料尚未到达。该企业本期销售产品,开出一张普通发票,发票注明售价 103 000 元,货款尚未收到。该企业适用的增值税税率为 3%。

要求：1. 根据上述资料，编制有关会计分录。

2. 计算该企业购入原材料的成本；期末应缴纳的增值税、期末应付票据的金额。

（二）某工业企业为一般纳税人，2015 年发生下列经济业务：

(1) 销售商品不含税售价 15 万元，增值税税率 17%，除预收账款 10 万元后的差额，收到银行承兑汇票。

(2) 银行借入 1 000 000 元存入银行，利率为 6%，期限 6 个月，到期一次还本付息，每月计提利息。

(3) 从本地购入一批原材料，根据发票账单，该批材料的买价 500 000 元，增值税 85 000 元，对方代垫的运杂费 15 000 元。材料已经验收入库，并开出 3 个月的带息商业承兑汇票，年利率 10%。假如该企业采用实际成本进行材料的日常核算。

(4) 经计算应付生产工人工资 98 000 元，车间管理人员工资 19 000 元，厂部管理人员工资 31 000 元，在建工程人员的工资 8 000 元。

(5) 根据上述资料提取现金并发放工资。

要求:1. 代该企业就上述业务进行账务处理。

2. 根据上述业务，请分析该企业年末在报表上如何列报负债项目。

（三）案例分析题

万历公司由于流动资金不足，于 2008 年 10 月 1 日向银行借款 500 万元，借款期限 6 个月，借款利率为 8%。利息和本金需要在到期日偿还。

公司财务经理要求主管会计将 2008 年 6 个月的利息在到期日支付时计入企业成本中。

问题讨论：

1. 你认为公司财务经理的这种做法是否正确？将对该公司的费用和利润产生什么影响？

2. 对这些借款利息应该如何处理？

五、对答题

1. 企业“预收账款”账户是企业的负债，但为何企业“预收账款”明细账出现借方余额却表示应收账款内容？

因为“预收账款”属于负债类账户，正常余额出现在贷方。企业对某类客户的销售定向都是先预收定金，然后再发货出售。但偶然会出现一笔先发货后收款的现象。为了减少登记工作量，企业对该客户不设置“应收账款”账户，使用“预收账款”核算，则“预收账款”借方登记已发货后发生应收账款，贷方登记已收款，所以，出现借方余额表示应收账款的内容。

2. 企业的“长期借款”若出现在一年内需要偿还，则在报表上应如何列报？

企业的“长期借款”若出现在一年内需要偿还，就属于流动负债性质，因此，应该奖“长期借款”项目中的金额减去一年内就要偿还的金额，同时将一年内就要偿还的金额列报在流动负债项目中的“一年内到期的非流动负债”项目中。

第七章参考答案

一、单项选择题

1. B　2. C　3. A　4. A　5. A　6. B

二、多项选择题

1. BC　2. ABCD　3. ABD　4. BCD　5. ABCD　6. ABCD　7. ABC

三、判断题

1. √　2. ×　3. ×　4. ×　5. √　6. √　7. ×　8. √　9. ×　10. ×

四、计算分析题

(一)

1. (1)借:原材料　　234 000
　　贷:应付票据　　234 000

(2)借:应收账款　　103 000
　　贷:主营业务收入　　100 000
　　　　应交税费　　3 000

2. 该企业购入原材料的成本＝234 000(元);期末应缴纳的增值税＝3 000(元);期末应付票据的金额234 000元。

（二）某工业企业为一般纳税人，2015 年发生下列经济业务：

(1)借：应收票据	75 500	
预收账款	100 000	
贷：主营业务收入		150 000
应交税费		25 500
(2)借：银行存款	1 000 000	
贷：短期借款		100 000
借：财务费用	5 000	
贷：应付利息		5 000
(3)借：在途物资	515 000	
应交税费	85 000	
贷：应付票据		600 000
(4)借：生产成本	98 000	
制造费用	19 000	
管理费用	31 000	
在建工程	8 000	
贷：应付职工薪酬		156 000
(5)借：库存现金	156 000	
贷：银行存款		156 000
借：应付职工薪酬	156 000	
贷：库存现金		156 000

2. 企业年末在资产负债表上的负债项目＝短期借款 100 000＋应付利息 5 000＋应付票据 600 000＝705 000(元)

（三）案例分析题

1. 公司财务经理的这种做法是不正确的。将会引起 2008 年费用少计，利润虚增。2009 年费用多计，利润虚减。

2. 对这些借款利息的正确处理是：

在 2008 年末应计利息费用＝500×8％×3÷12＝10(万元)；计入

2008 年财务费用中。

在 2009 年 3 月末应计利息费用 $=500\times8\%\times3\div12=10$（万元）；计入 2009 年财务费用中。

第八章　资产负债表中所有者权益项目的解读和列报

本章是《会计学》课程的重点章节，这章的学习主要帮助学生了解所有者权益项目的组成，每个项目核算什么内容？表示什么含义？我国会计准则和公司法上对各种项目有何规定要求？各自在报表上如何列报和披露，掌握教材中的例子对报表数据的解读和理解数据体现的具体内容。这章必须掌握的知识点和基本概念如下：

掌握的知识点

1. 必须了解所有者权益的组成部分。在报表上是披露在哪部分，与资产、负债之间的关系如何？

2. 实收资本（或股本）核算的内容是什么？在制度上有何规定和要求？具体在报表上如何列报？

3. 资本公积和盈余公积有何区别？在制度上有何规定和要求？具体在报表上如何列报？

4. 盈余公积转增资本有何规定？在各投资人上是按什么要求转增的？

5. 利润分配按什么程序进行分配？未分配利润是如何形成的？

6. 资本溢价和股本溢价分别表示什么含义？在报表上会在哪个项目上披露出来？

掌握的基本概念

实收资本　股本　资本公积　盈余公积　未分配利润　资本溢价

股本溢价　法定盈余公积金　任意盈余公积金

练习题

一、单项选择题(在备选答案中选取一个最佳答案)

1. 年末结转后,“利润分配”账户的贷方余额表示(　　)。

A. 利润分配总额　　B. 未弥补亏损

C. 未分配利润　　D. 实现的利润总额

2. 企业用盈余公积金转增资本,必须经股东大会批准。转增资本后,留存的法定盈余公积金不得低于注册资本的(　　)。

A. 50%　　B. 10%

C. 20%　　D. 25%

3. 未分配利润项目列在(　　)报表上。

A. 资产负债表　　B. 利润表

C. 现金流量表　　D. 所有者权益

4. 企业将利润分配给投资者之前必须提取(　　),否则,不能分配给投资者。

A. 库存现金　　B. 资本公积

C. 法定盈余公积金　　D. 法定公益金

5. 下列(　　)项目平时编制报表是根据有关账户的总账余额相抵得到,年末则可以直接根据账户余额直接填列。

A. 实收资本　　B. 资本公积

C. 盈余公积　　D. 未分配利润

二、多项选择题(下列各题,有两个或两个以上符合题意的正确答案,请将正确答案填入括号内)

1. 资本公积核算的内容包括(　　)。

A. 固定资产的清理收益　　B. 股本溢价

C. 接受捐赠资产　　　　D. 资本溢价

2. 法定盈余公积金和任意盈余公积金的主要用途有(　　)。

A. 弥补亏损　　　　B. 转增资本

C. 接受捐赠资产　　　　D. 资本溢价

3. 所有者权益项目在报表上披露的金额等于(　　)之和。

A. 实收资本　　　　B. 资本公积

C. 盈余公积　　　　D. 未分配利润

4. 企业的留存收益由(　　)组成。

A. 实收资本　　　　B. 资本公积

C. 盈余公积　　　　D. 未分配利润

5. 下列哪些项目是筹资过程中形成的投入资本(　　)。

A. 实收资本　　　　B. 资本公积

C. 盈余公积　　　　D. 未分配利润

三、判断题(在每小题后面的括号内填入判断结果,正确的打"√",错误的打"×")

1. 资本公积从来源上看,它是由企业实现的利润转化而来的,从本质上讲应属于投入资本范畴。(　　)

2. 留存收益是指企业从历年实现净利润中提取或形成的留存于企业的内部积累。它来源于公司生产经营活动所实现的净利润。(　　)

3. 任意盈余公积金是企业出于实际需要或采取审慎经营策略,经股东大会或类似机构批准,按照规定的比例从利润中提取的企业内部积累。(　　)

4. 未分配利润是期初未分配利润,加上本期实现的净利润,减去提取的各种盈余公积和分配利润后的余额。(　　)

5. 企业的负债和所有者权益都是对资产的要求权。但所有者权益是所有者对企业净资产的要求权,负债是债权人对企业的要求权。因此,两者的性质是不一致的。(　　)

四、计算分析题

（一）

某企业2014年12月31日编制的资产负债表中所有者权益数据如下：

资产负债表　　　　单位：元

资　产		负债和所有者权益	
库存现金	100 000	负债	
银行存款	900 000	应付账款	200 000
原材料	200 000	所有者权益	
库存商品	300 000	实收资本	1 000 000
		未分配利润	300 000
资产合计	1 500 000	权益合计	1 500 000

（1）在2015年企业向银行借入2年期借款500 000元，用于扩大再生产。

（2）企业吸收新的合作伙伴李红，其以300 000元专利权投入，但只拥有20%股权。

（3）企业当年实现净利润500 000元，按净利润10%提取盈余公积金，当年不分配投资者利润。

要求：

1. 根据上述业务编制会计分录。

2. 编制发生业务后的资产负债表，并列出所有者权益项目的形成过程。

（二）某企业年初未分配利润为－300 000元，企业本年实现净利润1 300 000元，本年经董事会批准，企业提取法定盈余公积比例10%，提取任意盈余公积比例5%。决定拿出400 000元用来分配投资者利润

(投资者分别是洪城华益公司投资比例80%,自然人樊翔和王杰投资分别10%)。

要求:

1. 计算企业当年提取的法定盈余公积金和任意盈余公积金。

2. 计算分配给各投资者的利润和年末企业的未分配利润。

(三)案例分析:

2014年A、B、C三个投资人投入资本各10万元,成立了甲企业,第一年不盈也不亏。2015年D希望加盟,经协商要求D投资15万元,拥有甲企业25%的股权。甲企业的财务在收到D投资15万元人民币后,编制分录如下:

借:银行存款　　150 000

　贷:实收资本　　150 000

2015年甲企业获取营业收入200万元,营业成本120万元,营业税金及附加10万元,发生销售费用2万元,管理费用4万元,财务费用1万元,生产成本3.5万元,制造费用0.5万元,增值税3.4万元,投资收益5万元,公允价值变动损益2万元。所得税率25%。甲企业董事会宣布企业按10%提取了盈余公积后,剩下的净利润全部分配给投资者利润。该企业股东D要求财务为其计算其应分享的利润。

财务计算如下:

利润总额=营业收入-(营业成本+营业税金及附加+销售费用+管理费用+财务费用+生产成本+制造费用)+投资收益-公允价值变动损益

=200-(120+10+2+4+1+3.5+0.5)+5+2=66(万元)

净利润=利润总额-所得税=66-66×25%=49.5(万元)

盈余公积=净利润×10%=49.5×10%=4.95(万元)

剩下全部可以分配给投资者的利润=49.5 -4.95=44.55(万元)

企业股东D其应分享的利润=44.55×25%=11.137 5(万元)

试分析该企业财务人员在财务核算上存在哪些问题?你能否给其

纠正过来？

五、对答题

1. 资产负债表中的所有者权益项目与利润表之间存在何种关系？

答：资产负债表中的所有者权益包括：实收资本、资本公积、盈余公积和未分配利润。

(1)资产负债表上的的期末未分配利润＝期初的未分配利润＋本期的未分配利润。

(2)本期的未分配利润＝本期净利润－盈余公积(本期净利润×比例)－分配给投资者利润。

(3)所以，企业的资产负债表中的所有者权益项目和利润表中的净利润之间存在着上述的勾稽关系。

2. 企业的实收资本可以通过哪些渠道增资？

答：企业的实收资本一般通过所有者增资或者通过企业的资本公积、盈余公积和未分配利润来转增资本，但必须注意的是：盈余公积转增资本后不得低于实收资本的25％。

第八章参考答案

一、单项选择题

1. C　2. D　3. A　4. C　5. D

二、多项选择题

1. BD　2. AB　3. ABCD　4. CD　5. AB

三、判断题

1. ×　2. √　3. ×　4. √　5. √

四、计算分析题

(一)

1. (1)借:银行存款	500 000	
贷:长期借款		500 000
(2)借:无形资产	300 000	
贷:实收资本		250 000
资本公积		50 000
(3)借:本年利润	500 000	
贷:利润分配		500 000
借:利润分配	50 000	
贷:盈余公积		50 000

2. 编制发生业务后的资产负债表,并列出所有者权益项目的形成

过程。

资产负债表 单位:元

资　产		负债和所有者权益	
库存现金	100 000	负债	
银行存款	1 400 000	应付账款	200 000
原材料	200 000	长期借款	500 000
库存商品	300 000	所有者权益	
无形资产	300 000	实收资本	1 250 000
		资本公积	50 000
		盈余公积	50 000
		未分配利润	250 000
资产合计	2 300 000	权益合计	2 300 000

实收资本＝100＋25＝125(万元)

[注:25 万是按照(100＋Y)×20%＝Y 求出]

资本公积＝5(万元)

盈余公积＝5(万元)

未分配利润＝30－5＝25(万元)

(二)

1. 计算企业当年提取的法定盈余公积金和任意盈余公积金。

法定盈余公积金＝130×10%＝13(万元)

任意盈余公积金＝130×5%＝6.5(万元)

2. 计算可供分配给投资者的利润及各投资者的利润;计算年末企业的未分配利润。

可供分配给投资者的利润＝130－30－(13＋6.5)＝80.5(万元)

洪城华益公司分得利润＝40×80%＝32(万元)

自然人樊翔和王杰各分得利润＝40×10%＝4(万元)

年末未分配利润＝80.5－32－4－4＝40.5(万元)

(三)

错误一:甲企业的财务在收到D投资15万元人民币后,正确编制分录如下:

借:银行存款　　150 000

　贷:实收资本　　100 000

　　资本公积　　50 000

错误二:计算利润总额错误及其相关项目错误。

利润总额＝营业收入－(营业成本＋营业税金及附加＋销售费用＋管理费用＋财务费用)＋投资收益－公允价值变动损益

＝200－(120＋10＋2＋4＋1)＋5＋2＝70(万元)

净利润＝利润总额－所得税＝70－70×25%＝52.5(万元)

盈余公积＝净利润×10%＝52.5×10%＝5.25(万元)

剩下全部可以分配给投资者的利润＝52.5－5.25＝47.25(万元)

企业股东D其应分享的利润＝47.25×25%＝11.812 5(万元)

第九章　利润表的解读与列报

本章是《会计学》课程的重点章节也是难点章节，这章的学习主要是帮助学生掌握制造业企业利润表的编制过程。利润表提供的信息能够反映企业生产经营的收益情况、成本耗费情况和经营成果，借此衡量企业管理当局的经营绩效。同时，通过利润表提供的不同时期的比较数字，可以分析企业的发展趋势与获利能力。并且，我们可以通过对利润构成因素的分析，发现影响利润形成和变动的重要因素，及时改善经营管理，提高企业的经济效益。本章必须掌握的知识点和基本概念如下：

掌握的知识点

1. 理解利润表的概念。
2. 了解利润表的构成要素，主要包括收入、费用和利润三个部分。
3. 掌握营业利润和利润总额的区别。
4. 了解净利润是如何获得的。

掌握的基本概念

收入　费用　利润　主营业务收入　主营业务成本　主营业务税金及附加　主营业务利润　营业费用　管理费用　财务费用　营业利润　投资收益　以前年度损益调整　利润总额　所得税　净利润

练习题

一、单项选择题(在备选答案中选取一个最佳答案)

1. 根据《企业会计制度》的规定,我国企业利润表的格式采用(　　)。

A. 单步式　　B. 多步式

C. 报告式　　D. 账户式

2. 下列各项中,不影响营业利润的是(　　)。

A. 管理费用　　B. 所得税费用

C. 主营业务收入　　D. 其他业务成本

3. 在利润表上,利润总额减去(　　)后,得出净利润。

A. 所得税费用　　B. 增值税费用

C. 营业税金及附加　　D. 销售费用

4. 利润表中“本期金额”栏内各项数字一般应根据(　　)的发生额填列。

A. 成本类科目　　B. 损益类科目

C. 资产类科目　　D. 负债类科目

5. 下列各项中,不属于会计财务报表内容的是(　　)。

A. 资产负债表　　B. 利润表

C. 科目汇总表　　D. 现金流量表

二、多项选择题(下列各题,有两个或两个以上符合题意的正确答案,请将正确答案填入括号内)

1. 一套完整的财务报表至少应包括(　　)。

A. 资产负债表　　B. 利润表

C. 所有者权益　　D. 现金流表

2. 利润表的特点是（　　）。

A. 根据相关账户的本期发生额编制

B. 根据相关账户的期末余额编制

C. 属于静态报表

D. 属于动态报表

3. 利润表中，与计算"营业利润"有关的项目是（　　）。

A. 主营业务收入　　B. 投资收益

C. 营业外收入　　D. 营业外支出

4. 下列不属于编制利润表的主要依据的有（　　）。

A. 资产、负债及所有者权益账户的本期发生额

B. 各损益类账户的本期发生额

C. 资产、负债及所有者权益账户的期末余额

D. 各损益类账户的期末余额

5. 通过利润表可以反映（　　）。

A. 企业的收入情况　　B. 企业的费用情况

C. 企业的偿债能力　　D. 企业的获利能力

三、判断题（在每小题后面的括号内填入判断结果，正确的打"√"，错误的打"×"）

1. 企业编制财务报告的主要目的是为了核算企业的经营成果。（　　）

2. 多步式利润表有助于使用者从不同利润类别中了解企业经营成果的不同来源。（　　）

3. 作为利润表编制基础的平衡公式是"收入－费用＝利润"。（　　）

4. 净利润直接出现在利润表和所有者权益变动表中，间接隐含在资产负债表中。（　　）

5. 利润表中"营业成本"项目，反映企业销售产品和提供劳务等主要经营业务的各项销售费用和实际成本。（　　）

四、计算分析题

(一)华天公司所得税税率是25%,该公司2015年1月至11月各损益类账户的累计发生额和12月底转账前各损益类账户的发生额如下:

账户名称	12月份发生数		1月至11月累计发生数	
	借方	贷方	借方	贷方
主营业务收入		318 000		5 000 000
主营业务成本	252 500		2 800 000	
销售费用	2 600		10 000	
营业税金及附加	1 000		29 000	
其他业务成本	75 000		32 500	
营业外支出	2 000		11 000	
财务费用	3 000		30 000	
管理费用	4 400		50 000	
其他业务收入		9 500		45 000
营业外收入		3 000		
投资收益		20 000		

则华天公司2015年度利润表的下列报表项目金额为:

1. 营业收入(　　)元
2. 营业成本(　　)元
3. 营业利润(　　)元
4. 利润总额(　　)元
5. 所得税费用(　　)元
6. 净利润(　　)元

(二)华天公司为增值税一般纳税人,主要生产和销售甲产品,适用增值税率17%,所得税税率25%,城建税教育费附加略。该公司2015年发生以下业务:

(1)销售甲产品一批，该批产品的成本16万，销售价格40万元，专用发票注明增值税6.8万元，产品已经发出，提货单已交给买方。货款及增值税款尚未收到。

(2)当年分配并发放职工工资40万元，其中生产工人工资24万元，车间管理人员工资8万元，企业管理人员工资8万元。

(3)本年出租一台设备，取得租金收入8万元。

(4)本年度计提固定资产折旧8万元，其中计入制造费用的固定资产折旧5万元，计入管理费用的折旧2万元，出租设备的折旧1万元。

(5)用银行存款支付销售费用1万元。

(6)在本年年末的财产清查中发现账外设备一台，其生产价格是2万元，经批准转作营业外收入。

则华天公司2015年度利润表的下列报表项目金额为：

1.营业收入(　　)元　　4.利润总额(　　)元

2.营业成本(　　)元　　5.所得税费用(　　)元

3.营业利润(　　)元　　6.净利润(　　)元

(三)华天公司2015年11月利润表如下：

利润表(简表)

会企02表

编制单位:华天公司　　2015年　　单位:元

项　目	本期金额	本年累计金额
一、营业收入	略	1 358 000
减:营业成本		720 000
营业税金及附加		39 000
销售费用		142 500
管理费用		246 000
财务费用		3 000

续　表

项　目	本期金额	本年累计金额
资产减值准备		2 500
二、营业利润(损失以“一”填列)		205 000
加:营业外收入		18 000
减:营业外支出		4 000
三、利润总额(损失以“一”填列)		219 000
减:所得税费用		54 750
四、净利润(损失以“一”填列)		164 250

华天公司 12 月份发生以下经济业务:

(1) 对外销售甲商品 2 000 件,单价 55 元,增值税率 17%,已办妥银行托收货款手续。

(2) 经批准处理财产清查中的账外设备一台,估计原价 8 000 元,七成新。

(3) 计算分配本月应付职工工资总额 25 000 元,其中管理部门 15 000 元,专设销售机构人员工资 10 000 元。

(4) 计得本月办公用固定资产折旧 860 元。

(5) 结转已销售的 2 000 件甲商品的销售成本 60 000 元。

(6) 将本月实现的损益结转入“本年利润”账户。

要求:根据上述资料,完成下列华天公司 2015 年利润表的编制。

利　润　表(简表)

会企 02 表

编制单位:华天公司　　　　2015 年　　　　单位:元

项　目	本年金额	上年金额
一、营业收入	(1)	略
减:营业成本	780 000	

续 表

项　目	本年金额	上年金额
营业税金及附加	39 000	
销售费用	152 500	
管理费用	(2)	
财务费用	3 000	
资产减值准备	2 500	
二、营业利润(损失以“—”填列)	(3)	
加:营业外收入	23 600	
减:营业外支出	4 000	
三、利润总额(损失以“—”填列)	(4)	
减:所得税费用	(5)	
四、净利润(损失以“—”填列)	(6)	

五、对答题

1. 利润分配可以不提取盈余公积就进行分配吗?

利润分配的顺序是本年的净利润加上上年度未分配的利润为可供分配的利润。可供分配的利润,必须首先提取法定盈余公积金,然后才能分配给投资者。若没按规定提取法定盈余公积金,是不能分配给投资者的。

2. 利润表中的收入项目需要注意哪些事项?

利润表中的收入项目,是以“权责发生制”原则为基础,采用“来源法”分别披露。对于收入的确认是按照“权责发生制”确认,即凡属于本期的收入,不论其款项是否在本期收到,均应作为本期的收入确认。凡不属于本期的收入,即使款项在本期已经收到,也不能作为本期收入确认。

收入按“来源法”分别披露,即按照企业收入的不同来源分别披露。收入分为营业收入、营业外收入。投资收益(或损失)和公允价值变动收益(或损失)也会影响利润的增减,因此,将其收入项目分开披露,有助于会计信息使用者了解企业利润的构成情况,从而判断影响利润的收入因素。

第九章参考答案

一、单项选择题

1. B　2. B　3. A　4. B　5. C

二、多项选择题

1. ABCD　2. AD　3. AB　4. ACD　5. ABD

三、判断题

1. ×　2. √　3. √　4. √　5. ×

四、计算分析题

(一)华天公司2015年度利润表的下列报表项目金额为：

1. 营业收入(5 372 500)元
2. 营业成本(3 092 500)元
3. 营业利润(2 170 000)元
4. 利润总额(2 160 000)元
5. 所得税费用(540 000)元
6. 净利润(1 620 000)元

(二)华天公司2015年度利润表的下列报表项目金额为：

1. 营业收入(480 000)元
2. 营业成本(170 000)元
3. 营业利润(200 000)元
4. 利润总额(220 000)元
5. 所得税费用(55 000)元
6. 净利润(165 000)元

(三)(1)营业收入＝1 358 000＋2 000×55＝1 358 000＋110 000＝1 468 000(元)

(2)管理费用＝246 000＋15 000＋860＝261 860(元)

(3)营业利润＝营业收入－营业成本－营业税金及附加－销售费用－管理费用－财务费用－资产减值准备

＝1 468 000－780 000－39 000－152 500－261 860 －3 000－2 500＝229 140(元)

(4)利润总额＝营业利润＋营业外收入－营业外支出

＝229 140＋23 600－4 000＝248 740(元)

(5)所得税费用＝248 740×25％＝62 185(元)

(6)净利润＝248 740－62 185＝186 555(元)

(1)1 468 000

(2)261 860

(3)229 140

(4)248 740

(5)62 185

(6)186 555

第十章　财务报告的分析

本章主要介绍了财务报告的组成、财务分析的作用及基本方法，重点介绍了财务报表比率分析法中反映偿债能力、营运能力和盈利能力的各种常用指标及指标的运用。本章应当掌握的知识点和基本概念如下：

掌握的知识点

1. 了解财务报告的组成、财务分析的作用及基本方法。

2. 掌握偿债能力分析、营运能力分析和盈利能力分析中所涉及的常用财务指标的计算及运用。

掌握的基本概念

财务报告　财务报表　比率分析　流动比率　速动比率　现金比率　资产负债率　产权比率　利息保障倍数　总资产周转率　应收账款周转率　存货周转率　销售毛利率　销售净利率　总资产净利率　净资产收益率

练习题

一、单项选择题(在备选答案中选取一个最佳答案)

1. 两家商业企业本期销售收入、存货平均余额相同，但毛利率不同，则毛利率高的企业存货周转率(以销售成本为基础计算)也(　　)。

A. 高　　　　B. 低

C. 不变　　D. 难以判断

2. 某企业的总资产净利率为20%，若产权比率为1，则净资产收益率为(　　)。

A. 15%　　B. 20%

C. 30%　　D. 40%

3. 某企业年初流动比率为2.2，速动比率为1，年末流动比率为2.5，速动比率为0.5。发生这种变化的原因可能是(　　)。

A. 应付账款增加　　B. 应收账款增加

C. 当年存货增加　　D. 应收账款周转加快

4. 某企业2006年末有关资料如下：总资产100万元，流动负债20万元，长期负债40万元，则该企业的产权比率为(　　)。

A. 0.6　　B. 0.67

C. 1.5　　D. 2.5

5. 下列各项中，能提高企业利息保障倍数的因素是(　　)。

A. 成本下降、利润增加　　B. 所得税率下降

C. 所得税率上升　　D. 宣布并支付股利

6. 某企业期初应收账款余额150万元，期末应收账款余额250万元，本期产品销售收入为1 200万元，本期产品销售成本为1 000万元，则该企业应收账款周转率为(　　)。

A. 4次　　B. 4.8次

C. 5次　　D. 6次

7. 在销售收入既定的条件下，会引起总资产周转次数下降的经济业务是(　　)。

A. 收回应收账款　　B. 计提坏账准备

C. 以存款购入设备　　D. 获得一笔银行借款

8. 某公司资产负债率为40%，平均资产总额为2 000万元，利润总额为300万元，所得税为87万元，则该企业当年的净资产收益率为(　　)。

A. 13.4%　　B. 14.67%

C. 17.75%　　　　　　　　D. 22%

9. 下列各项指标中,不能用来分析企业短期偿债能力的指标是(　　)。

A. 流动比率　　　　　　　　B. 速动比率

C. 产权比率　　　　　　　　D. 现金比率

10. 某公司2009年销售收入净额为6 000万元。年初应收账款余额为300万元,年末应收账款余额为500万元,坏账准备按销售净额的10%计提。每年按360天计算,则该公司的应收账款周转天数为(　　)。

A. 15天　　　　　　　　B. 17天

C. 22天　　　　　　　　D. 24天

二、多项选择题(下列各题,有两个或两个以上符合题意的正确答案,请将正确答案填入括号内)

1. 根据我国会计准则的规定,财务报告包括(　　)等。

A. 资产负债表　　　　　　　　B. 利润表

C. 审计报告　　　　　　　　D. 所有者权益变动表

E. 附注

2. 假设其他条件不变,下列计算方法的改变会导致应收账款周转天数减少的有(　　)。

A. 从使用赊销额改为使用销售收入进行计算

B. 从使用应收账款平均余额改为使用应收账款平均净额进行计算

C. 从使用应收账款全年日平均余额改为使用应收账款旺季的日平均余额进行计算

D. 从使用已核销应收账款坏账损失后的平均余额改为核销应收账款坏账损失前的平均余额进行计算

3. 影响企业短期偿债能力的项目有(　　)

A. 货币资金　　　　　　　　B. 固定资产

C. 预付账款　　　　　　　　D. 存货

E. 无形资产

4. 下列指标中属于评价企业长期偿债能力的基本指标是(　　)。

A. 资产负债率　　　　　　　B. 产权比率

C. 流动比率　　　　　　　　D. 利息保障倍数

E. 总资产周转率

5. 若流动比率大于1,则下列结论不一定成立的是(　　)。

A. 速动比率大于1　　　　　B. 流动资产大于流动负债

C. 资产负债率大于1　　　　D. 短期偿债能力绝对有保障

三、判断题(在每小题后面的括号内填入判断结果,正确的打"√",错误的打"×")

1. 销售净利率反映了企业净利润与销售收入的关系,它的高低取决于销售收入的高低。(　　)

2. 总资产净利率等于销售净利率乘以总资产周转天数。(　　)

3. 比率分析法能综合反映比率与计算它的会计报表之间的联系。(　　)

4. 资产周转次数越多,周转天数越多,表明资产周转速度越快。(　　)

5. 影响速度比率可信性的重要因素是存货的变现能力。(　　)

四、计算分析题

(一)某公司2006年销售收入为270万元,净利润为27万元,资产总额为180万元,负债总额为60万元。

要求:计算总资产周转率、总资产净利率、产权比率、净资产收益率。(资产负债表数据均使用期末数)

(二)某公司2006年度财务报表主要资料如下:

1. 资产负债表数据如下表所示。

资产负债表

20×6 年 12 月 31 日　　单位:万元

资产	年初	年末	负债和所有者权益	年初	年末
流动资产:			流动负债:		
货币资金	320	320	应付账款	400	516
应收账款	1 100	1 354	应付票据	350	336
存货	1 050	966	其他流动负债	450	468
流动资产合计	2 470	2 640	流动负债合计	1 200	1 320
固定资产	930	1 160	非流动负债合计	980	1026
			负债合计	2 180	2 346
			所有者权益会计	1 220	1 454
资产总计	3 400	3 800	负债和所有者权益合计	3 400	3 800

2. 2006 年度的利润表显示,营业收入为 4 140 万元,营业成本为 3 105 万元,净利润为 250 万元。

要求:根据上述资产,计算下列财务比率指标。

(1)流动比率、速动比率、现金比率、资产负债率。

(2)总资产周转率、应收账款周转率、存货周转率。

(3)销售毛利率、销售净利率、总资产净利率、净资产收益率。

五、对答题

(一)学完偿债能力分析,学生王浩认为流动比率越高,企业的短期偿债能力越强,面临的财务风险越小,从而对企业经营越有利。

答:这样理解不正确。通常,从债权人的角度看,流动比率越高,公司短期偿债能力越强,债权人的权益越有保障;但从公司经营角度看,过高的流动比率通常意味着公司流动资产占用资金较多,会造成公司机会成本的增加和获利能力的降低。流动比率究竟多高才算合适,并没有统一、标准的数值，实践中需要将其与同行业平均流动比率或本企业历史流动比率进行比较，才能得出合理的结论。

（二）某公司利润总额为100万元，净利润为75万元，利息费用为50万元，学生王浩认为该公司已获利息倍数＝100/50＝2。

答：这样理解不正确。利润总额即税前利润，已获利息倍数的分子为息税前利润，即利润总额＋利息费用，故该公司已获利息倍数＝息税前利润/利息费用＝(100＋50)/50＝3。

（三）学生王浩认为销售毛利率和销售净利率都是反映企业盈利能力的指标，两者包含的实质内容相同。

答：这样理解不正确。销售毛利率和销售净利率，都可以进行横向和纵向比较分析，这两个指标应联系起来看待。如果企业的销售毛利率与同行业水平接近而销售净利率很低，说明企业对其他各项费用的控制存在问题。销售毛利率主要取决于销售成本占销售收入的比重，而销售净利率及其变动则受销售成本、期间费用、其他业务的盈利水平、非经营性损益等多方面因素的影响，比较复杂。

第十章参考答案

一、单项选择题

1. B　2. D　3. C　4. C　5. A　6. D　7. D　8. C　9. C　10. D

二、多项选择题

1. ABDE　2. AB　3. ACD　4. ABD　5. ACD

三、判断题

1. ×　2. ×　3. ×　4. ×　5. √

四、计算分析题

(一)

答：总资产周转率＝销售收入÷总资产＝270÷180＝1.5

总资产净利率＝27÷180×100％＝15％

产权比率＝负债总额÷所有者权益总额＝60÷(180－60)×100％＝50％

净资产收益率＝27÷(180－60)×100％＝22.5％

(二)

答:1.流动比率＝2 640÷1 320＝2

速动比率＝(2 640－966)÷1 320＝1.27

现金比率＝320÷1 320＝0.24

资产负债率＝2 346÷3 800×100％＝61.74％

2.总资产周转率＝4 140÷((3 400＋3 800)÷2)＝1.15

应收账款周转率＝4 140÷((1 100＋1 354)÷2)＝3.37

存货周转率＝3 105÷((1 050＋966)÷2)＝3.08

3.销售毛利率＝(4 140－3 105)÷4 140×100％＝25％

销售净利率＝250÷4 140×100％＝6.04％

总资产净利率＝250÷((3 400＋3 800)÷2)×100％＝6.94％

净资产收益率＝250÷((1 220＋1 454)÷2)×100％＝18.7％

第十一章　案例分析汇编

案例一

万丽自己开办了一家个人独资的培训学校。2015 年国庆期间她和家人一起进行了一次家庭聚会。费用总额一共为 3 万元人民币。聚会结束后，她将此次费用的相关单据交给学校会计人员，要求会计人员作为学校业务费用列账。

问题讨论：会计应该将这笔费用记在公司账上吗？为什么？

分析解答：会计不应将这笔费用作为学校业务费用记账。因为不符合会计主体假设，会计主体假设规定了是为具有经济业务的特定主体服务的，即站在这个特定主体的角度来记账。会计是为这个主体记账。所以，应该将会计主体本身的交易或者事项与企业所有者的私人交易或者事项区分开来。虽然万丽是这家培训学校的所有者，但万丽她个人的家庭聚会费用不属于学校的会计核算，所以，不应该记入学校的业务费用。

案例二

方豪网络公司的原业主正想出售该公司，由于时间关系，没有及时编制财务报表，只提供了该公司 2006 年的试算平衡表如表 11-1 所示。

表 11-1　2006 年试算平衡表　　单位:万元

会计科目	借方余额	贷方余额
银行存款	40 000	
应收账款	167 500	
预付账款	30 000	
固定资产	1 400 000	
累计折旧		300 000
长期待摊费用——房屋租金	50 000	
应付账款		135 000
应交税费		47 400
长期借款		200 000
实收资本		500 000
主营业务收入		1 300 000
劳务成本	700 000	
财务费用	12 000	
销售费用	30 000	
管理费用	10 000	
营业税金及附加	42 900	
合计	2 482 400	2 482 400

现在,你的朋友正想购买该公司,他求助于你,希望你能帮助他解释这些信息,并帮助他决策。他最希望了解的是该公司的资产、负债的情况及利润形成情况。

问题讨论:

1. 分析该公司的经营业绩,帮助你朋友分析该公司是否值得投资经营。

2. 帮助你朋友分析该公司的资产、负债的情况,分析购买该公司的合理价格。

3.在你朋友作出决策前,你准备向你朋友提出什么建议?

(案例来源:《新编会计学》,罗金明、祝锡萍主编,
浙江大学出版社 2011 版)

分析解答:

根据表 11-1 编制了该公司的资产负债表如表 11-2 所示,利润表如表 11-3 所示。

资产负债表

单位:万元

表 11-2

2006 年 12 月 31 日

资　产	金　额	负　债	金　额
银行存款	40 000	应付账款	135 000
应收账款	167 500	应交税费	47 400
预付账款	30 000	长期借款	200 000
流动资产合计	237 500	负债合计	382 400
固定资产	1 400 000	实收资本	500 000
累计折旧	300 000	留存收益	505 100
长期待摊费用——房屋租金	50 000	所有者权益	1 005 100
非流动资产合计	1 150 000		
资产总计	1 387 500	负债和所有者权益合计	1 387 500

利润表

单位:万元

表 11-3

2006 年

主营业务收入		1 300 000
劳务成本	700 000	

续 表

主营业务收入		1 300 000
财务费用	12 000	
销售费用	30 000	
管理费用	10 000	
营业税金及附加	42 900	
费用合计		794 900
本年利润		505 100

1. 分析该公司的经营业绩，帮助你朋友分析该公司是否值得投资经营。

该公司值得投资，因为其经营业绩是良好的。

2. 帮助你朋友分析该公司的资产、负债情况，并分析购买该公司的合理价格。

该公司的合理价格在 1 005 100 万元左右。

3. 在你朋友作出决策前，你准备向你朋友提出什么建议？

最好让中介机构出具审计报告：

(1)注册资本金有否到位？该企业收入、成本、费用的账是否正确？

(2)往来账应收应付、借款的账要与往来单位核对。

(3)固定资产折旧计提是否正确？税金计算是否正确？有否拖欠和罚单？

案例三

某企业为了取得某个大客户的试样订单，2014 年 10 月 5 日急需购买一批设备，需要资金 100 万元，企业购买时账面货币资金共计只有 46.3 万元。企业的实力无法从银行借到款项。该企业老板一时也无法从其他自然人处筹措到资金，但又觉得抓住这次试样订单机会非常重要，很有可能会给企业带来转折性的变化。于是显得非常焦虑。财务人员见此提醒老板，企业手上有一张 2014 年 8 月 5 日鸿泰公司开给该企业的银行承兑票据，面值 100 万元，利率 6%，期限半年。2014 年 10 月银行给出的贴现率是 9%。

问题讨论：试问该企业如何解决这笔设备款。

分析解答：

该企业解决设备款的资金问题方法有两种：

其一，若设备供应商同意；企业可以将鸿泰公司签发的应收票据背书后，转让给设备供应商抵作设备款，余款用银行存款结清；

其二，该企业也可以将鸿泰公司签发的应收票据背书后，向银行贴现。可以从银行获取贴现款项为：票据到期值＝100＋100×6%×6÷12＝103(万元)

票据贴现款＝103－103×9%×4÷12＝99.91(万元)

该企业将这笔贴现款 99.91 万元加上银行存款凑足 100 万元支付给设备供应商。

这两种方法解决设备款的资金问题均是可行的，都不会影响企业正常的营运资金。

（案例来源：《财务会计》，吴晖、楼燕芬、徐金仙主编，浙江工商大学出版社 2014 版）

案例四

北方公司 2015 年 12 月 31 日总分类科目余额表如表 11-4 所示。

北方公司科目余额表(12 月 31 日)

表 11-4　　单位：元

科目名称	借方余额	科目名称	贷方余额
现金	3 000	短期借款	150 000

续 表

科目名称	借方余额	科目名称	贷方余额
银行存款	505 900	应付票据	167 000
应收票据	46 000	应付账款	160 000
应收账款	600 000	预收账款	33 000
预付账款	20 000	其他应付款	6 400
其他应收款	2 000	应付职工薪酬	180 000
应收利息	8 200	应交税费	43 800
原材料	1 122 400	应付利息	7 800
包装物	30 000	应付股利	23 540
低值易耗品	100 000	长期借款	1 260 000
库存商品	1 279 200	其中:一年内到期的长期负债	300 000
生产成本	250 000	实收资本	5 000 000
固定资产	2 401 000	盈余公积	117 655
累计折旧	−150 000	利润分配	126 505
在建工程	478 000		
无形资产	480 000		
长期待摊费用	100 000		
合计	7 275 700	合计	7 575 700

其中,有关明细账户的期末余额资料如下:

应收账款:甲公司,借方余额 380 000 元;

乙公司,贷方余额 40 000 元;

丙公司,借方余额 260 000 元。

预付账款:丁公司,借方余额 32 000 元;

戊公司,贷方余额 12 000 元。

应付账款:A 工厂,贷方余额 70 000 元;

B 工厂，借方余额 25 000 元；

C 工厂，贷方余额 115 000 元。

预收账款：D 工厂，贷方余额 68 000 元；

E 工厂，借方余额 35 000 元。

要求：

(1)计算 2015 年 12 月 31 日资产负债表的下列项目数据：

货币资金＝　　　　存货＝

应收账款＝　　　　应付账款＝

预付账款＝　　　　预收账款＝

固定资产＝　　　　未分配利润＝

(2)根据以上资料编制的资产负债表(表 11-5)如下。

资产负债表

会企 01 表

表 11-5　　编制单位：北方公司　　2015 年 12 月 31 日　　单位：元

资产	期末余额	负债和所有者权益(或股东权益)	期末余额
流动资产：			流动负债：
货币资金		短期借款	
交易性金融资产		交易性金融负债	
应收票据		应付票据	
应收账款		应付账款	
预付款项		预收款项	
应收利息		应付职工薪酬	
应收股利		应交税费	
其他应收款		应付利息	
存货		应付股利	
一年内到期的非流动资产		其他应付款	

续 表

资产	期末余额	负债和所有者权益(或股东权益)	期末余额
其他流动资产		一年内到期的非流动负债	
流动资产合计		其他流动负债	
非流动资产：		流动负债合计	
可供出售金融资产		非流动负债：	
持有至到期投资		长期借款	
长期应收款		应付债券	
长期股权投资		长期应付款	
投资性房地产		专项应付款	
固定资产		预计负债	
在建工程		递延所得税负债	
工程物资		其他非流动负债	
固定资产清理		非流动负债合计	
生产性生物资产		负债合计	
油气资产		所有者权益(或股东权益)：	
无形资产		实收资本(或股本)	
开发支出		资本公积	
商誉		减:库存股	
长期待摊费用		盈余公积	
递延所得税资产		未分配利润	
其他非流动资产		所有者权益(或股东权益)合计	
非流动资产合计			
资产总计		负债和所有者权益 (或股东权益)总计	

分析解答：

(1)

"货币资金"＝现金＋银行存款＝3 000＋505 900＝508 900(元)

"存货"＝原材料＋包装物＋低值易耗品＋库存商品＋生产成本
＝1 122 400＋30 000＋100 000＋1 279 200＋250 000
＝2 781 600(元)

"应收账款"＝应收账款所属明细账户的借方余额＋预收账款所属明细账户的借方余额
＝380 000＋260 000＋35 000＝675 000(元)

"预付账款"＝预付账款所属明细账户的借方余额＋应付账款所属明细账户的借方余额
＝32 000＋25 000＝57 000(元)

"固定资产"＝固定资产－累计折旧
＝2 401 000－150 000＝2 251 000(元)

"资产总计"＝"流动资产"＋"长期投资"＋"固定资产"＋"无形资产及其他资产"
＝(508 900＋46 000＋675 000＋57 000＋8 200＋2 000＋2 781 600)＋0＋2 729 000＋580 000＝7 387 700(元)

"应付账款"＝预付账款所属明细账户的贷方余额＋应付账款所属明细账户的贷方余额
＝12 000＋70 000＋115 000＝197 000(元)

"预收账款"＝应收账款所属明细账户的贷方余额＋预收账款所属明细账户的贷方余额
＝40 000＋68 000＝108 000(元)

（2）

资 产 负 债 表

会企 01 表

表 11-6　编制单位：北方公司　　2015 年 12 月 31 日　　单位：元

资产	期末余额	负债和所有者权益（或股东权益）	期末余额
流动资产：			流动负债：
货币资金	508 900	短期借款	150 000
交易性金融资产		交易性金融负债	
应收票据	46 000	应付票据	167 000
应收账款	675 000	应付账款	197 000
预付款项	57 000	预收款项	108 000
应收利息	8 200	应付职工薪酬	180 000
应收股利		应交税费	43 800
其他应收款	2 000	应付利息	7 800
存货	2 781 600	应付股利	23 540
一年内到期的非流动资产		其他应付款	6 400
其他流动资产		一年内到期的非流动负债	300 000
流动资产合计	2 783 600	其他流动负债	
非流动资产：		流动负债合计	1 033 540
可供出售金融资产		非流动负债：	
持有至到期投资		长期借款	960 000
长期应收款		应付债券	
长期股权投资		长期应付款	
投资性房地产		专项应付款	

续 表

资产	期末余额	负债和所有者权益(或股东权益)	期末余额
固定资产	2 251 000	预计负债	
在建工程	478 000	递延所得税负债	
工程物资		其他非流动负债	
固定资产清理		非流动负债合计	960 000
生产性生物资产		负债合计	2 143 540
油气资产		所有者权益(或股东权益):	
无形资产	480 000	实收资本(或股本)	5 000 000
开发支出		资本公积	
商誉		减:库存股	
长期待摊费用	100 000	盈余公积	117 655
递延所得税资产		未分配利润	126 505
其他非流动资产		所有者权益(或股东权益)合计	5 244 160
非流动资产合计	3 309 000		
资产总计	7 387 700	负债和所有者权益(或股东权益)总计	7 387 700

案例五

伊健公司拟全盘收购宏达公司,双方在议价时,宏达公司经理强调其公司近年来销售毛利和销售毛利率逐年上升,并认为企业经营处于良好循环,是非常有利的经营因素。宏达公司过去三年的销售毛利情况如下:

单位：元

	2010年	2011年	2012年
销售额	400 000	450 000	480 000
销售成本	300 000	324 000	336 000
销售毛利	100 000	126 000	144 000
销售毛利率	25%	28%	30%

伊健公司聘请了勤业会计师事务所对宏达公司过去三年的财务报告及会计记录的公允性进行了审计，勤业会计师事务所审计后发现除了下列事项有错误外，其他各项记录暂无不妥。(1)2010年的期末存货低估了20 000元；(2)2012年的期末存货高估了40 000元，公司采用定期盘存制确定存货，上述错误伊健公司在勤业会计师事务所调查审计之前并未发现。

问题讨论：根据以上资料及勤业会计师事务所的审计结果，你认同宏达公司经理的说法：宏达公司销售毛利率逐年上升，经营处于良好循环吗？为什么？

分析解答：

首先对存货的估算错误进行调整，在此基础上计算调整后的销售毛利率，再对之评价。

根据公式：

期初存货＋本期增加存货—期末存货＝本期发出存货

本期毛利＝本期销售收入－本期销售成本

(1)由于2010年期末存货低估20 000元，导致本期销售成本高估20 000元，销售毛利低估20 000元，调整后2010年正确的销售毛利为100 000＋20 000＝120 000(元)。正确的销售成本为300 000－20 000＝280 000(元)，正确的销售毛利率为120 000÷400 000＝30%。

(2)2010年期末存货低估20 000元，即2011年期初存货被低估了

20 000 元和 2011 年销售成本低估 20 000 元，导致 2011 年销售毛利高估了 20 000 元，调整后 2011 年的正确销售毛利实际为 126 000－20 000＝106 000(元)。正确的销售毛利率为 106 000÷450 000＝23.55％。

(3)2012 年期末存货高估了 40 000 元，即销售成本低估 40 000 元，销售毛利高估 40 000 元，调整后 2012 年的正确销售毛利为 144 000－40 000＝104 000(元)。正确的销售成本为 336 000＋40 000＝376 000(元)，正确销售毛利为 104 000÷480 000＝21.66％。

调整后的销售毛利率如下：

	2010 年	2011 年	2012 年
销售额	400 000	450 000	480 000
销售成本	280 000	344 000	376 000
销售毛利	120 000	106 000	104 000
销售毛利率	30％	23.55％	21.66％

评价：该公司近三年的销售毛利率和销售毛利均是逐年下降的，而不是逐年上升的。

(案例来源：《财务会计》吴晖、楼燕芬、徐金仙主编，
浙江工商大学出版社 2014 版)

案例六

某医药公司成立于 1990 年。公司成立后业务发展迅猛，营业收入成倍增长，成为当地行业龙头企业。但是 2010 年以来，由于受市场环境的影响，企业的市场份额有下降趋势。在这样的情况下，公司决定进行规模化经营，准备收购另一家医药企业。某医药公司于 2011 年 10

月，收购了一家大型医药企业100%的股权。因为品牌的关系，某医药公司在购买过程中比收购相同类型的企业多支付了人民币2 300万元。某医药公司公司财务部已将多付2 300万元作为商誉，计入无形资产账户。

问题讨论：

某医药公司财务部门的会计处理正确吗？为什么？

分析解答：

某医药公司财务部门的会计处理是不正确的。因为商誉和无形资产是有区别的，商誉是作为单独的项目列报在企业资产负债表中的非流动资产项目。

案例七

某白酒企业集团拥有厂房9 000万元，车辆15辆。企业主营生产销售白酒，兼营酒吧营业服务。税务部门确定该企业增值税率17%，服务业的增值税率6%。消费税率20%，城建税和教育费附加税率分别为7%和3%。该企业当月销售白酒3 000万元，30 000瓶(每瓶500g)，当月酒吧服务收入100万元。当月进货可抵扣的进项税额51万元，该集团房产税扣除房产原值30%后按1.2%计征，车辆合计交车船税7 200元，印花税25元。(企业所得税和个人所得税不予考虑)

问题讨论：

1. 该企业集团会涉及哪些税种？如何计算？

2. 企业涉及的税种如何计算？

答：

1. 企业集团会涉及增值税、消费税、城建税和教育费附加、房产税、印花税和车船使用税。

2.

(1)增值税＝3 000×17%＋100÷(1＋6%)×6%＝510＋5.66＝515.66(万元)

(2)消费税＝3 000×20%＋30 000×0.5÷10 000＝600＋1.5＝601.5(万元)

(3)城建税＝(515.66＋601.5)×7%＝78.201 2(万元)

(4)教育费附加＝(515.66＋601.5)×3%＝33.514 8(万元)

(5)房产税＝9 000×70%×1.2%＝75.6(万元)

(6)印花税＝25 元

(7)车船使用税＝7 200 元

案例八

甲企业上年年末的所有者权益为 2 000 万元。其中:“实收资本”为 1 000 万元,资本公积 200 万元,盈余公积 200 万元,未分配利润 600 万元。企业今年为了扩大再生产,拟引进新产品、新技术。经过多方洽谈,最后选中乙企业新开发的产品技术。乙企业与甲企业签订合同,乙企业以市场价为 300 万元的专利技术进行投资投入甲企业,但经董事会批准,只拥有甲企业 20%的股权。假定甲企业在与乙企业合同签订期间未发生任何所有者权益的变动。甲企业会计在合同生效后,编制的资产负债表的所有者权益如下:

所有者权益:

实收资本 1 300 万元

资本公积 200 万元

盈余公积 200 万元

未分配利润 600 万元

合计:2 300 万元

试分析:甲企业的报表披露是否正确?为什么?

分析解答:

甲企业的报表披露是不正确的。因为,甲企业取得乙企业的专利技术 300 万元,但乙企业只占有甲企业 20%的股权,则会计分录为:

借:无形资产　3 000 000

　贷:实收资本　2 000 000

　　资本公积　1 000 000

所以,在资产负债表上所有者权益为:

所有者权益:

实收资本 1 200 万元

资本公积 300 万元

盈余公积 200 万元

未分配利润 600 万元

合计:2 300 万元

案例九

北方公司 2015 年度损益类科目(账户)的发生额如表 11-7 所示。

损益类账户发生额表

表 11-7 单位:元

科目名称	借方发生额	贷方发生额
主营业务收入		1 400 000
主营业务成本	900 000	
其他业务收入		100 000
其他业务成本	45 000	
营业税金及附加	85 000	
销售费用	35 000	
管理费用	180 000	
财务费用	23 000	
投资收益		35 000
营业外收入		10 000
营业外支出	7 000	
所得税	89 100	

根据上述资料,计算:

(1)营业利润、利润总额和净利润;

(2)根据下列表格(表 11-8)编制利润表。

利　润　表

会企 02 表

表 11-8　编制单位:北方公司　　　　2015 年　　　　单位:元

项　目	本期金额	上期金额
一、营业收入		
减:营业成本		
营业税金及附加		
销售费用		
管理费用		
财务费用		
资产减值损失		
加:公允价值变动收益(损失以"－"号填列)		
投资收益(损失以"－"号填列)		
其中:对联营企业和合营企业的投资收益		
二、营业利润(亏损以"－"号填列)		
加:营业外收入		
减:营业外支出		
其中:非流动资产处置损失		
三、利润总额(亏损总额以"－"号填列)		
减:所得税费用		
四、净利润(净亏损以"－"号填列)		
五、每股收益:		
(一)基本每股收益		
(二)稀释每股收益		

分析解答:

(1)营业利润＝(主营业务收入＋其他业务收入)－(主营业务成本

＋其他业务成本)－营业税金及附加－销售费用－管理费用－财务费用－资产减值准备＋公允价值变动收益＋投资收益＝1 500 000－945 000－85 000－35 000－180 000－23 000＋35 000＝267 000(元)

利润总额＝营业利润＋营业外收入－营业外支出＝267 000＋10 000－7 000＝270 000(元)

净利润＝利润总额－所得税费用＝270 000－270 000×25％＝202 500(元)

(2)编制利润表如表11-9所示：

利　润　表

会企02表

表11-9　编制单位:北方公司　　2015年　　单位:元

项　目	本期金额	上期金额
一、营业收入	1 500 000	
减:营业成本	945 000	
营业税金及附加	85 000	
销售费用	35 000	
管理费用	180 000	
财务费用	23 000	
资产减值损失		
加:公允价值变动收益(损失以“－”号填列)		
投资收益(损失以“－”号填列)	35 000	
其中:对联营企业和合营企业的投资收益		
二、营业利润(亏损以“－”号填列)	267 000	
加:营业外收入	10 000	
减:营业外支出	7 000	

续　表

项目	本期金额	上期金额
其中:非流动资产处置损失		
三、利润总额(亏损总额以“－”号填列)	270 000	
减:所得税费用	67 500	
四、净利润(净亏损以“－”号填列)	202 500	
五、每股收益:		
(一)基本每股收益	0.361 8	
(二)稀释每股收益		

案例十

某公司在2014年6月30日资产负债表中披露流动资产如表11-10所示:

2014年6月30日

单位:元　　表11-10

项　目	期末数	期初数
流动资产:		
货币资金	20 981 859 110.76	18 254 690 162.04
其中:现金	96 153.12	499 626.22
银行存款	20 979 297 951.99	18 251 730 205.06
其他货币资金	2 465 005.65	2 460 330.76
交易性金融资产		
应收票据	3 668 585 851.11	2 387 824 465.53
存货	7 773 834 492.67	7 187 117 552.86
流动资产合计	32 424 279 454.54	27 829 632 180.43

问题讨论：根据上述报表数据，分析某公司的货币资金控制是否存在问题？为什么？

分析解答：

某公司在 2014 年 6 月 30 日企业货币资金控制上没有考虑资金的回报率，为公司的经济利益最大化着想。由于现金类资产的获利能力不强，过多的现金类资产将会导致企业机会成本的增加。所以，通常在持续经营情况下，企业不必保留过多的现金类资产。如果现金比率过高，则意味着企业流动资产未能得到合理运用。而且该公司 2014 年半年度报表中货币资金占流动资产比重达到 64.71%（20 981 859 110.76 ÷32 424 279 454.54＝64.71%），而且银行存款占货币资金比重达到 99.98%（20 979 297 951.99÷20 981 859 110.76＝99.98%）。可见，该公司的流动资产 60%以上是货币资金，并且绝大部分是以银行存款的货币形态存在。即该公司在 2014 年半年度报表中货币非常充裕，并且都存在银行里，公司没有购买任何短期有价证券，也没有进行任何短期投资。对于资金利用率来讲回报不高，没有考虑企业的经济利益最大化。

（案例来源：《财务会计》，吴晖、楼燕芬、徐金仙主编，浙江工商大学出版社 2014 版）

案例十一

四川长虹的存货和应收账款质量分析

1. 背景。四川长虹是国内最大的彩电厂家，截至 2002 年 6 月，彩电销售量超过 5 000 万台，平均每 6 个家庭就有 1 台长虹彩电。“长虹”品牌也闻名遐迩，2001 年末的品牌估值达 261 亿元。相应地，四川长虹也曾是中国股市耀眼夺目的绩优股（600 839）。但是，自从 1998 年以来，四川长虹的业绩大幅滑坡，净利润由鼎盛时期（1997 年）的 26.12 亿元锐减至 2001 年的不足 1 亿元。

2. 四川长虹的存货质量分析。如表 11-11 所示数据为基础，可以对四川长虹的存货质量进行分析：

（1）通过纵向比较可以看出，长虹的存货居高不下，主要是 1998 年的存货余额比 1997 年增加了 117%，此后存货余额就一直徘徊在 60 亿～70 亿元；

（2）与竞争对手相比，存货跌价准备的比例适中，但存货周转率最低，意味着存货积压可能较为严重，积压存货的清理也落后于竞争对手；

（3）对长虹存货质量分析以表 11-12 数据为基础，可以对四川长虹的存货质量进行分析：

（1）通过纵向比较可以看出，长虹的存货居高不下，主要是 1998 年的存货余额比 1997 年增加了 117%，此后存货余额就一直徘徊在 60 亿～70 亿元；

（2）与竞争对手相比，存货跌价准备的比例适中，但存货周转率最低，意味着存货积压可能较为严重，积压存货的清理也落后于竞争对手；

（3）对长虹存货质量分析的初步结论是：长虹的存货积压较为严重，存货比率明显偏高，周转天数远高于其主要竞争对手，以前年度积压的库存尚未及时清理，风险仍未释放。

表 11-11　四川长虹有关存货指标的趋势纵比数据和同行业横比数据

项目＼年份	1997	1998	1999	2000	2001	2002	2001 年同行业横向比较		
							康佳	海信	厦华
存货余额（亿元）	35.54	77.05	69.49	67.08	62.14	71.93	29.25	13.07	7.28
跌价准备（亿元）	0.16	2.67	1.87	2.51	2.73	2.77	0.99	0.52	0.77
存货比例（%）	21	41	41	41	34	39	41	33	23
跌价比例（%）	0.47	3.47	2.70	3.74	4.39	3.85	3.39	3.96	10.67
存货周转率（次）	—	—	1.14	1.38	1.34	1.7	1.57	2.4	2.35

3.四川长虹的应收账款质量分析。

如表11-12所示数据为基础,可以对四川长虹的应收账款质量进行分析:

(1)与主要竞争对手相比,长虹的应收账款占资产总额的比重较高,且2000年起呈上升趋势。

(2)应收账款的增幅大于收入的增幅。2001年,主营业务收入同比下降11%,但应收账款余额却增长了58%(预警信号),之后仍然继续增加;

(3)上述情况的出现,是放宽信用条件?还是应收账款催收力度不足?

(4)总的来看,四川长虹的坏账准备计提比例太低,远低于其主要竞争对手,可能夸大盈利能力:在4家比较对象中,长虹应收账款占资产总额的比例最高,且货款回收期最长(2001年4家家电上市公司的应收账款收款天数从18~89天不等,平均为56天,而长虹为89天;1999~2001年,长虹平均为84天),但坏账准备的计提比例却最低;

(5)通过更细致地考察财务报表附注(此处从略),我们可以发现,长虹坏账准备计提不足的原因主要有:对账龄在一年之内的应收账款没有计提坏账准备(其他3家主要竞争对手对一年内应收账款的计提比例为3.33%);对应收票据和关联方应收账款(主要是长虹集团占款)未计提任何坏账准备。

对长虹应收账款质量分析的初步结论是:应收账款占资产总额的比例偏高,坏账准备计提比例明显低于其主要竞争对手的平均水平,大股东占用资金的现象较为突出,应收账款余额逐年上升,平均收款时间越来越长,形成大量的资金沉淀。

表11-12 四川长虹有关应收账款指标的趋势纵比数据和同行业横比数据

项目 \ 年份	1999	2000	2001	2002	2001年同行业横向比较		
					康佳	海信	厦华
应收账款/总资产(%)	16.03	10.96	16.33	22.60	8.00	3.00	13.00

续 表

项目 \ 年份	1999	2000	2001	2002	2001年同行业横向比较		
					康佳	海信	厦华
计提比例(%)	0.03	0.12	0.21	0.30	10.39	6.38	2.30
主营收入(亿元)	99.17	107.07	95.14	125.85	—	—	—
应收账款(亿元)	26.91	18.21	28.82	42.2	—	—	—
应收账款周转率(次)	5.09	4.75	4.05	3.70	9.13	20.2	4.68
周转天数	71.7	76.84	90.12	98.64	39.97	18.06	77.99

4.初步总结。前述分析表明,长虹的存货和应收账款资产管理指标明显逊色于其主要竞争对手,资产质量不高、运用效率低下,隐含风险较大,而且会计政策不够稳健,存在财务报表粉饰行为。

(案例来源:《信息失真与报表分析新思维——哈佛分析框架》,厦门大学管理学院讲义,黄世忠,中国经济学教育科研网,http://www.cenet.org.cn,2007年)

模拟试卷

参考文献

模拟试卷一

一、单项选择题(在备选答案中选取一个最佳答案。每小题 1 分,共 10 分)

1. 某企业“应收账款”账户的期初贷方余额为 3 000 元,本期增加应收账款为 7 000 元,本期减少应收账款为 1 000 元,该账户期末余额为(　　)。

A. 贷方 3 000 元　　B. 借方 3 000 元

C. 贷方 5 000 元　　D. 借方 9 000 元

2. 为保证不同企业会计信息的可比性,会计核算应遵循(　　)。

A. 客观性要求　　B. 相关性要求

C. 重要性要求　　D. 可比性要求

3. 下列各项中,应计入管理费用的有(　　)。

A. 自然灾害造成的流动资产净损失

B. 支付金融机构手续费

C. 固定资产盘亏净损失

D. 车船税

4. 期初和期末余额一般在贷方的账户是(　　)。

A. 资产类账户　　B. 费用类账户

C. 所有者权益类账户　　D. 成本类账户

5. 下列费用中,应直接计入“生产成本”科目的有(　　)。

A. 车间管理部门领用的原材料　　B. 广告费

C. 生产车间水电费　　D. 生产产品耗用的原材料

6. 某企业资产总额为 100 万元,当发生下列经济业务后:(1)赊购材料10万元验收入库;(2)用银行存款偿还短期借款5万元;(3)盈余公积35万元转增资本金,其权益总计为(　　)。

A. 101万元　　B. 105万元

C. 125万元　　D. 150万元

7. 预付账款属于(　　)会计要素。

A. 负债　　B. 收入

C. 所有者权益　　D. 资产

8. 某公司发行股票,面值总额为2 000万元,发行价总额为2 800万元,支付发行手续费20万元,则记入"资本公积"账户的金额应为(　　)。

A. 780万元　　B. 800万元

C. 820万元　　D. 2 800万元

9. 多计折旧将导致报表中(　　)。

A. 资产的净值偏低　　B. 资产的净值虚增

C. 负债增加　　D. 对资产及负债均不产生影响

10. 某公司销售甲产品,价目表中的报价100 000元,商业折扣为5%,付款条件为2/10、1/20、N/30,在净价法下,应收账款的入帐金额为(　　)。

A. 55 000元　　B. 95 000元

C. 100 000元　　D. 93 100元

二、多项选择题(下列各题有两个或两个以上符合题意的正确答案,请将正确的答案填入括号内,本类题共10分,每题2分,错选、少选、多选均不得分)

1. 财务会计核算的基本前提有(　　)。

A. 会计主体　　B. 货币计量

C. 会计期间　　D. 持续经营

2. 下列属于流动负债的有(　　)。

A. 应付票据　　B. 应付账款

C. 应付债券　　D. 预收账款

3. 下列经济业务中，引起资产一增一减的有（　　）。

A. 以银行存款购买设备　　B. 从银行提取现金

C. 以银行存款购买材料　　D. 以银行存款偿还以前欠款

4. 总分类账户和明细分类账户平行登记的要点是（　　）。

A. 登记的原始依据相同　　B. 登记的期间相同

C. 登记的方向相同　　D. 登记的金额相等

5. 购入的固定资产其入账价值应包括（　　）及安装费等。

A. 买价　　B. 运费

C. 途中保险费　　D. 包装费

三、判断题（在每小题后面的括号内填入判断结果，正确的打“√”，错误的打“×”，每小题1分，共10分）

1. 某企业采购员预借现金作为差旅费，将引起一项资产增加，一项负债增加。（　　）

2. 企业出租的固定资产，因为未被本企业使用，所以本企业不该提折旧。（　　）

3. 预期经济业务将取得的物资，可以作为资产确认。（　　）

4. 经试算账户的发生额和余额分别都平衡了，但是账户记录不一定正确。（　　）

5. 资产负债表主要根据账户的发生额填列。（　　）

6. 我国会计上所说的现金是指库存的人民币。（　　）

7. 票据的到期值就是它的面值。（　　）

8. “坏账准备”账户贷方余额应列为利润表上的费用项目。（　　）

9. 存货的计价方法对企业损益的计算没有直接影响。（　　）

10. 期末存货少计，会使当期的营业利润少计。（　　）

四、会计分录题(前6题每小题2分,后6题每小题3分,共30分)

长江有限责任公司属于增值税一般纳税人。

要求:分别根据2009年发生的如下有关经济业务编制会计分录。

1. 1月11日,以银行存款支付产品销售运费2 800元。

2. 1月31日,根据税法计算本月应交企业所得税43 000元。

3. 3月10日,采购员陈明预借差旅费1 800元,出纳员以现金支付。

4. 4月30日,借入银行短期贷款200 000元直接偿还货款。

5. 5月31日,丙产品生产完工并验收入库,总成本为745 800元。

6. 8月31日,根据董事会决定,提取盈余公积金67 000元。

7. 9月3日,领用材料70 000元,其中生产产品消耗50 000元,车间一般消耗20 000元。

8. 9月8日,向A公司购入甲材料200吨,每吨买价300元,增值税10 200元。全部款项均以不带息银行承兑汇票结算,材料已验收入库。

9. 9月18日,向B公司销售丙产品一批,销售价总额为50 000元,增值税8 500元。产品已交付B公司,款项58 500元暂未收到。

10. 10月31日,企业固定资产计提折旧费6 000元,其中:车间固定资产折旧4 000元,厂部固定资产折旧2 000元。

11. 11月15日,长江企业委托甲证券公司发行股票200 000股,每股股票面值1元,发行价1.5元,甲证券公司按发行收入的1%提取手续费,股票发行成功后,甲证券公司按发行收入扣除手续费金额后的金额划入长江企业的账户。

12. 12月30日,企业计提职工工资30 000元,其中生产工人工资25 000元,车间管理人员的工资5 000元。

五、计算题(凡需计算的,应列出有关计算过程,小数点后保留两位。本大题共 25 分)

1. 根据下列有关数据,计算并填列下表中的空白项目(10 分):

账户名称	期初余额	本期借方发生额	本期贷方发生额	期末余额
短期借款	9 800		4 800	5 500
应收账款		3 000	2 000	4 000
固定资产	7 500	3 600	7 900	
盈余公积	5 000			7 000
生产成本		1 900	2 900	2 800

2. 应收账款总账和明细账数额如下,根据总账与明细账的关系计算下表(5 分):

项　目	期初余额	本期借方发生额	本期贷方发生额	期末余额
应收账款	4 000		3 000	5 000
农发公司		1 000	2 000	
太阳公司		3 000		2 000

3. 2000 年 12 月 11 日,某公司取得成本为 500 000 元的机器一台,采用双倍余额递减法计提折旧,估计使用年限为 10 年,无残值。2 年后(2003 年初),决定改用直线法计提折旧,则该公司 2003 年折旧费用降低多少元?(10 分)

六、综合案例分析题(15分)

长江公司第一年末应收账款余额为1 000 000元,“坏账准备”账户无余额。坏账提取比率为3‰,第二年发生了坏账损失6 000元,其中甲公司5 000元,乙公司1 000元,年末应收账款余额为1 200 000元。第三年已冲销的上年甲公司应收账款5000元又收回,存入银行。年末应收账款余额为1 300 000元。

要求:编写三年里(从第一年末到第三年末)全部有关会计分录。

一名学员作出如下回答:

第一年末:

借:资产减值损失　　3 000

　　贷:坏帐准备　　3 000

第二年发生坏帐时:

借:坏帐准备　　5 000

　　贷:应收帐款—甲公司　　5 000

　　　　　　　—乙公司　　1 000

第二年末:

借:资产减值损失　　3 600

　　贷:坏帐准备　　3 600

第三年已冲销的上年甲公司应收帐款又收回:

借:坏帐准备　　5 000

　　贷:应收帐款—甲公司　　5 000

第三年末:

借:资产减值损失　　3 900

　　贷:坏帐准备　　3 900

请你分析后指出错误并修正错误。

模拟试卷一参考答案

一、单项选择题

1. B　2. D　3. D　4. C　5. D　6. B　7. D　8. A　9. A　10. D

二、多项选择题

1. ABCD　2. ABD　3. ABC　4. ABCD　5. ABCD

三、判断题

4 和 10 正确，其余错误。

四、会计分录题

1. 借：销售费用	2 800	
贷：银行存款		2 800
2. 借：所得税费用	43 000	
贷：应交税费		43 000
3. 借：其他应收款	1 800	
贷：库存现金		1 800
4. 借：应付账款	200 000	
贷：短期借款		200 000
5. 借：库存商品	745 800	
贷：生产成本		745 800

6. 借:利润分配 67 000
　贷:盈余公积 67 000

7. 借:制造费用 20 000
　生产成本 50 000
　贷:原材料 70 000

8. 借:原材料 60 000
　应交税费—应交增值税(进项税额) 10 200
　贷:应付票据 70 200

9. 借:应收账款 58 500
　贷:主营业务收入 50 000
　　应交税费—应交增值税(销项税额) 8 500

10. 借:管理费用 2 000
　制造费用 4 000
　贷:累计折旧 6 000

11. 借:银行存款 299 100
　贷:股本 200 000
　　资本公积 99 100

12. 借:制造费用 5 000
　生产成本 25 000
　贷:应付职工薪酬 30 000

五、计算题

1.

账户名称	期初余额	本期借方发生额	本期贷方发生额	期末余额
短期借款	9 800	9 100	4 800	5 500
应收账款	3 000	3 000	2 000	4 000
固定资产	7 500	3 600	7 900	3 200

续 表

账户名称	期初余额	本期借方发生额	本期贷方发生额	期末余额
盈余公积	5 000		2 000	7 000
生产成本	3 800	1 900	2 900	2 800

2.

项　目	期初余额	本期借方发生额	本期贷方发生额	期末余额
应收账款	4 000	1 000	3 000	5 000
农发公司	4 000	1 000	2 000	3 000
太阳公司	0	3 000	1 000	2 000

3. (1)2001 年年折旧 10 万元

(2)2002 年折旧 8 万元

(3)2003 年(采用双倍余额递减法)折旧为 6.4 万元

(4)2003 年(采用直线法)折旧为 4 万元

(5)差额 2.4 万元

六、综合案例分析题

分析:第二年发生坏账时

借:坏账准备　　6 000

　　贷:应收账款——甲公司　　5 000

　　　　　　　　——乙公司　　1 000

第二年年末应提坏账准备:1 200 000×3‰+3 000=6 600(元)

借:资产减值损失　　6 600

　　贷:坏账准备　　6 600

第三年已冲销的上年甲公司应收账款又收回:

借:应收账款—甲公司　　5 000

　　贷:坏账准备　　5 000

同时,

借：银行存款　　5 000

　　贷：应收账款—甲公司　　5 000

第三年年末应冲回坏账准备：8 600－1 300 000×3‰＝4 700(元)

借：坏账准备　　4 700

　　贷：资产减值损失　　4 700

模拟试卷二

一、单项选择题(在备选答案中选取一个最佳答案。每题1分,共10分)

1. 企业收到一张面值为30 000元,期限6个月,票面利率6%的商业汇票,企业持有4个月后向银行贴现,贴现率9%,则贴现利息为(　　)。

A. 309 00元　　　　B. 927元

C. 2 700元　　　　D. 2 781元

2. 为了及时掌握各项财产物资的增减变动和结存情况,一般应采用(　　)。

A. 权责发生制　　　　B. 实地盘存制

C. 收付实现制　　　　D. 永续盘存制

3. 如果固定资产原值为20 000元,“累计折旧”账户贷方余额为8 000元,那么固定资产净值为(　　)。

A. 12 000元　　　　B. 28 000元

C. 8 000元　　　　D. 20 000元

4. 某企业销售某商品10 000元,付款条件为2/10、1/20、N/30,试问10天内收款,可收到的金额为(　　)。

A. 10 000元　　　　C. 9 800元

B. 9 900元　　　　D. 10 200元

5. 下列各项中不能计入一般纳税人材料成本中的项目为(　　)。

A. 材料采购途中发生的保险费

B. 材料采购途中发生的自然损耗

C. 材料采购过程中发生的增值税

D. 采购材料的买价

6. 某企业资产总额为300万元，当发生下列经济业务后：(1)国家投入资本20万元存入银行；(2)用银行存款偿还应付账款5万元；(3)用银行存款购买材料10万元，其资产总额为(　　)。

A. 315万元　　B. 300万元

C. 305万元　　D. 310万元

7. 复式记账法对每项经济业务都以相等的金额，在(　　)中进行相互联系地登记。

A. 两个或两个以上的账户　　B. 两个账户

C. 一个账户　　D. 全部账户

8. 下列经济业务发生，会使资产和权益项目同时减少的有(　　)。

A. 企业赊购原材料　　B. 收到国家投入资本金

C. 以银行存款缴纳税金　　D. 收到短期借款存入银行

9. 下列项目中属于营业外收入的项目有(　　)。

A. 销售产品的收入

B. 销售材料的收入

C. 债权人给予债务人的债务的豁免

D. 提供劳务收入

10. 会计核算不准弄虚作假所体现的会计原则和计提坏账准备所依据的会计原则分别是(　　)。

A. 相关性、谨慎性　　B. 一贯性、可比性

C. 谨慎性、客观性　　D. 客观性、谨慎性

二、多项选择题(下列各题有两个或两个以上符合题意的正确答案，请将正确的答案填入括号内，本类题共10分，每题2分，错选、少选、多选均不得分)

1. 下列错误中，(　　)不能通过试算平衡发现。

A. 某项经济业务未入账

B. 某项业务中应借应贷的方向颠倒

C. 借贷双方同时等额多计了经济业务的金额

D. 借贷双方中一方多计金额，另一方少计金额

2. 下列项目中属于所有者权益的是（　　）。

A. 投资者投入设备　　B. 提取的盈余公积金

C. 借入借款　　D. 累计尚未分配利润

3. 下列会计报表中属于对外报送的主要报表有（　　）。

A. 资产负债表　　B. 利润表

C. 成本报表　　D. 现金流量表

4. 属于现金开支范围的有（　　）。

A. 支付职工的工资　　B. 支付职工出差的差旅费

C. 支付异地购买的设备款　　D. 支付向农民购买的农副产品款项

5. 下列项目中列入利润表中的有（　　）。

A. 应收账款　　B. 资产减值损失

C. 公允价值变动损益　　D. 管理费用

三、判断题（在每小题后面的括号内填入判断结果，正确的打"√"，错误的打"×"。每小题1分，共10分）

1. 所有经济业务的发生，都会引起会计等式两边发生变化。（　　）

2. 当一笔经济业务发生时，在总分类账上登记了，就不用在明细分类账上登记；在明细分类账上登记了，就不用在总分类账上登记。（　　）

3. 企业应提取的坏账准备大于其账面余额时，应按其差额冲回坏账准备。（　　）

4. 期末存货的金额多计，会使利润多计。（　　）

5. 企业当期发生的生产成本、制造费用和营业费用都记入库存商品成本。（　　）

6. 本期减少的固定资产,不应计提折旧。 (　　)

7. 一般来说,法律主体必然是会计主体,但会计主体并不一定就是法律主体。 (　　)

8. 盈余公积是从销售收入中提取的公积金。 (　　)

9. 交易性金融资产是企业为了长期拥有或控制被投资企业而购入的有价证券。 (　　)

10. 资产负债表是反映企业在一定日期的经营成果的报表。

(　　)

四、会计分录题(每小题 3 分,总计 36 分)

(一)编制分录(每小题 2 分,计 18 分)

1. 收到投资者投入货币资金 50 万元,存入银行。

2. 向银行借款 100 000 元,期限 6 个月。贷款手续已办理完毕,款项存入银行。

3. 现购一台不需安装的设备,价款 50 000 元,支付运费 600 元、安装费 400 元、保险费 500 元,均用银行存款支付。

4. 以转账支票支付车间办公费 1 800 元。

5. 企业用现金支付王平预借的差旅费 800 元。

6. 企业收回应收账款 8 000 元,存入银行。

7. 产品完工入库,结转完工产品成本 30 000 元。

8. 用银行存款缴纳税金 4 000 元。

9. 企业用银行存款购置需要安装的固定资产 50 000 万元,并交付安装。

(二)长江企业为增值税一般纳税人,增值税率为 17%,要求为长江企业的下列业务编制分录(每小题 3 分,共计 18 分)

1. 企业购买甲材料 10 000 元,增值税额 1 700 元,材料已验收入库,但货、税款赊欠未付。

2. 领用材料 70 000 元,其中生产产品消耗 50 000 元,车间一般性消耗 20 000 元。

3. 企业固定资产计提折旧费 6 000 元，其中：车间固定资产折旧 4 000 元，厂部固定资产折旧 2 000 元。

4. 企业销售商品一批，价款 50 000 元，销项税额 8 500 元，收到对方开具的一张 3 个月的商业承兑汇票。

5. 长江企业委托甲证券公司发行股票 200 000 股，每股股票面值 1 元，发行价 1.5 元，甲证券公司按发行收入的 1%提取手续费，股票发行成功后，甲证券公司按发行收入扣除手续费金额后的金额划入长江企业的账户。

6. 企业计提职工工资 30 000 元，其中生产工人工资 25 000 元，车间管理人员的工资 5 000 元。

五、计算分析题(共 2 题，每题 7 分，共计 14 分)

(一)长江公司购入一台设备 100 000 元，净残值 5 000 元，预计使用年限 5 年，试用直线法和年数总和法分别计算该台设备第一年的折旧金额。(保留两位小数)

(二)长江公司 4 月 30 日银行存款日记账账面余额为 63 500 元，而银行对账单余额为 65 600 元，经逐笔核对后，发现有下列未达账项：

1. 公司 4 月 30 日开出一张支票付购书款 1 120 元，持票人尚未送到银行办理转账。

2. 公司于 4 月 29 日送存转帐支票 1 700 元，银行尚未入企业账户。

3. 银行收到企业的客户中南公司货款 2 800 元，企业尚未收到收款通知。

4. 银行已代付电费 120 元，付款通知尚未送到。

要求：根据上列资料编制银行存款余额调节表

银行存款余额调节表

银行存款日记账的余额	银行对账单的余额
企业真正拥有的存款数额	企业真正拥有的存款数额

六、综合案例分析题(20分)

2008年A、B、C三个投资人投入资本各10万元,成立了甲企业,第一年不盈也不亏。2009年D希望加盟,经协商要求D投资15万元,拥有甲企业25%的股权。甲企业的财务在收到D投资15万元人民币后,编制分录如下:

借:银行存款 150 000

贷:实收资本 150 000

2009年甲企业获取营业收入200万元,营业成本120万元,营业税金及附加10万元,发生销售费用2万元,管理费用4万元,财务费用1万元,生产成本3.5万元,制造费用0.5万元,增值税3.4万元,投资收益5万元,公允价值变动损益2万元。所得税率25%。甲企业董事会宣布企业按10%提取了盈余公积后,剩下的净利润全部分配给投资者利润。该企业股东D要求财务为其计算其应分享的利润。

财务计算如下:

利润总额=营业收入-(营业成本+营业税金及附加+销售费用+管理费用+财务费用+生产成本+制造费用)+投资收益-公允价值变动损益

=200-(120+10+2+4+1+3.5+0.5)+5+2=66(万元)

净利润=利润总额-所得税=66-66×25%=49.5(万元)

盈余公积＝净利润×10％＝49.5×10％＝4.95(万元)

剩下全部可以分配给投资者的利润＝49.5 －4.95＝44.55(万元)

企业股东 D 其应分享的利润＝44.55×25％＝11.1375(万元)

试分析该企业财务人员在财务核算上存在哪些问题？请将其纠正。

模拟试卷二参考答案

一、单项选择题

1. B　2. D　3. A　4. C　5. C　6. A　7. A　8. C　9. C　10. D

二、多项选择题

1. ABC　2. ABD　3. ABD　4. ABD　5. BCD

三、判断题

1. ×　2. ×　3. ×　4. √　5. ×　6. ×　7. √　8. ×　9. ×　10. ×

四、会计分录题

(一)编制分录(每小题 2 分,计 18 分)

1. 借:银行存款	500 000	
贷:实收资本		500 000
2. 借:银行存款	100 000	
贷:短期借款		100 000
3. 借:固定资产	51 500	
贷:银行存款		51 500
4. 借:制造费用	1 800	
贷:银行存款		1 800

5. 借:其他应收款	800	
贷:库存现金		800
6. 借:银行存款	8 000	
贷:应收帐款		8 000
7. 借:库存商品	30 000	
贷:生产成本		30 000
8. 借:应交税费	4 000	
贷:银行存款		4 000
9. 借:在建工程	50 000	
贷:银行存款		50 000

(二)长江企业为增值税一般纳税人,增值税率为17%,要求为长江企业的下列业务编制分录

1. 借:原材料	10 000	
应交税费—应交增值税	1 700	
贷:应付账款		11 700
2. 借:生产成本	50 000	
制造费用	20 000	
贷:原材料		70 000
3. 借:管理费用	2 000	
制造费用	4 000	
贷:累计折旧		6 000
4. 借:应收票据	58 500	
贷:主营业务收入		50 000
应交税费—应交增值税		8 500
5. 借:银行存款	297 000	
贷:股本		200 000
资本公积		97 000
6. 借:生产成本	25 000	
制造费用	5 000	

　　贷：应付职工薪酬　　　　30 000

五、计算分析题

(一)该台设备第一年的折旧金额。

直线法：(100 000－5 000)÷5＝19 000(元)

年数总和法：(100 000－5 000)×5÷15＝31 666.67(元)

(二)

银行存款余额调节表

银行存款日记账的余额 63 500	银行对账单的余额 65 600
＋2 800 －120	＋1700 －1120
企业真正拥有的存款数额 6 6180	企业真正拥有的存款数额 6 6180

六、综合案例分析题

第一：分录错了，应为：

借：银行存款　　150 000

　　贷：实收资本　　100 000

　　　　资本公积　　50 000

第二：

利润总额＝营业收入－(营业成本＋营业税金及附加＋销售费用＋管理费用＋财务费用)＋投资收益＋公允价值变动损益

＝200－(120＋10＋2＋4＋1)＋5＋2＝70(万元)

净利润＝利润总额－所得税＝70－70×25％＝52.5(万元)

盈余公积＝净利润×10％＝52.5×10％＝5.25(万元)

剩下全部可以分配给投资者的利润＝52.5 －5.25＝47.25(万元)

企业股东 D 其应分享的利润＝47.25×25％＝11.8125(万元)

模拟试卷三

一、填空题(在每小题的横线内填入正确答案。每空 1 分,共 10 分)

1. 企业会计核算应当以________为基础。

2. 加速折旧法主要有________和________两种。

3. 反映企业某一时刻财务状况的对外财务报表是________。

4. 长期股权投资的核算方法有________和________。

5. 期间费用具体包括________、财务费用和管理费用。

6. 企业利润总额=________+________-________

二、单项选择题(在备选答案中选择一个最佳答案。每小题 1 分,共 10 分)

1. 采用加速折旧法计提固定资产折旧所依据的会计核算原则是(　　)。

A. 有用性原则　　B. 重要性原则

C. 谨慎原则　　D. 及时性原则

2. 银行存款日记账应定期与(　　)进行核对,以保证账实相符。

A. 明细账　　B. 银行对账单

C. 未达账项　　D. 现金日记账

3. 某企业采购员预借差旅费,所引起的变动为(　　)。

A. 一项资产增加,一项负债增加

B. 一项资产增加,另一项资产减少

C. 一项资产减少,一项负债减少

D. 一项负债增加,另一项负债减少

4. 某企业本期期初资产总额为100万元，本期期末负债总额比期初减少10万元，所有者权益总额比期初增加30万元，该企业期末资产总额是(　　)。

A. 90万元　　B. 100万元

C. 120万元　　D. 130万元

5. 期末，企业"应收账款"所属明细科目若有贷方余额，应反映在资产负债表(　　)项目中。

A. 应收账款　　B. 应付账款

C. 预收账款　　D. 预付账款

6. 下列错误中，有哪一种是经过试算平衡仍不能发现的(　　)。

A. 借方和贷方计算不正确

B. 记借贷方的金额不相等

C. 某项业务只记入借方，没记入贷方

D. 重复记录某项经济业务

7. 某企业"库存商品"账户月初余额为248 000元，本月验收入库的库存商品共计420 000元，本月发出370 000元，则该企业"库存商品"账户月末余额为(　　)。

A. 余额在借方，金额为668 000元

B. 余额在借方，金额为298 000元

C. 余额在贷方，金额为668 000元

D. 余额在贷方，金额为298 000元

8. 某企业年初未分配利润为160 000元，当年实现净利润为320 000元，该企业按净利润的10%提取法定盈余公积金，按净利润的5%提取任意盈余公积金，分配现金股利80 000元。则该企业年末未分配利润为(　　)元。

A. 320 000　　B. 432 000　　C. 352 000　　D. 480 000

9. 股份公司溢价发行股票时，溢价部分应作为(　　)。

A. 流动资产　　B. 长期投资

C. 长期资产　　D. 所有者权益

10. 某设备原值为 3 500 元，估计使用 4 年、残值为 500 元，按年数总和法计提折旧，第二年的折旧额为(　　)。

A. 600 元　　　　B. 875 元

C. 900 元　　　　D. 1 050 元

三、多项选择题(下列各题均有两个或两个以上符合题意的正确答案，请将正确的答案选出。每小题 2 分，共 10 分)

1. 下列会计等式中，正确的有(　　)。

A. 资产＝权益

B. 资产＝负债＋所有者权益＋收入－费用

C. 资产＝负债＋所有者权益

D. 资产－负债＝净资产

2. 总账和明细账平行登记的要点是(　　)。

A. 登记的方向相同　　　　B. 登记的金额相同

C. 登记的原始依据相同　　　　D. 登记的会计期间相同

3. 产品成本项目包括(　　)。

A. 直接材料费用　　　　B. 直接人工费用

C. 制造费用　　　　D. 管理费用

4. 购入的固定资产，其入账价值应包括(　　)。

A. 买价　　　　B. 运输费

C. 途中保险费　　　　D. 安装费

5. 反映企业经营成果的会计要素是(　　)。

A. 资产　　　　B. 收入

C. 费用　　　　D. 利润

四、判断改错题(在每小题后面的括号内填入判断结果，正确的打√；错误的打×，说明原因并进行改正，每题 2 分，共 10 分)

1. 借贷记账法下，账户余额试算平衡的理论依据是会计等式。

(　　)

2. 企业的所有应交税金都一律通过“应交税费”账户核算。 (　　)

3. 企业外购材料的实际成本一般包括买价、运费、增值税进项税额等。 (　　)

4. 按规定，当月减少的固定资产，当月不提折旧；而当月增加的固定资产，当月应计提折旧。 (　　)

5. 下列会计报表中，属于对外报送并反映财务状况的报表有资产负债表、利润表和制造费用分配表。 (　　)

五、会计分录题(第 1 题 16 分，第 2 题 24 分，共 40 分)

1. 为甲公司 2007 年 3 月发生的下列业务编制会计分录：

(1)公司办公室购买办公用品 1 200 元，以现金支付。

(2)向银行借款 150 000 元，期限 6 个月，手续办理完毕，款项存入银行。

(3)用银行存款交纳上月应交所得税 1 200 元。

(4)收到购货单位乙公司的预付货款 42 000 元，存入银行。

(5)职工王海出差，预借差旅费 5 000 元，出纳员为其开出了现金支票。

(6)产品完工入库，结转完工产品成本 60 000 元。

(7)以银行存款支付产品广告费 21 000 元。

(8)收到上月的应收销货款 18 000 元，存入银行。

2. 为乙公司 2007 年 5 月份发生的以下业务分别编制会计分录：

(1)向 A 厂购入甲材料 3 000kg，每 kg 买价 30 元，增值税率 17%，同时支付运费 500 元，材料已验收入库，款项尚未支付。

(2)当月制造 A 产品领用材料 50 000 元，制造 B 产品领用材料 40 000 元，车间一般性消耗领用材料 6 000 元。

(3)计算当月应付职工工资：A 产品工人工资 60 000 元，乙产品工人工资 50 000 元，车间管理人员工资 10 000 元，厂部管理人员工资 12 000 元。

(4)计提当月折旧费 30 000 元，其中生产车间厂房、设备折旧费用 20 000 元，厂部管理部门固定资产的折旧费用 10 000 元。

(5)当月 A、B 两种产品生产工时分别为 6 000 小时和 4 000 小时，按生产工时比例分配并结转制造费用 70 000 元。

(6)一张应收某公司的商业承兑汇票已到期，现通过银行办理结算，面值为 100 000 元，到期值为 102 000 元，票款如数收到并存入银行。

(7)职工张勇报销差旅费 6 430 元，交回余款 570 元。

(8)月末，结转本期主营业务收入 390 000 元，其他业务收入 25 000 元，投资收益 80 000 元。

六、计算分析题(每小题 10 分，共 20 分)

1. 某企业于 2005 年 5 月份存货购入和领用情况如下：

5 月 1 日存货余额 500 件，单位成本 50 元，5 月 2 日领用 300 件；5 月 5 日购进 1 000 件，单位成本 52 元；5 月 10 日领用 800 件；5 月 20 日购进 1 200 件，单位成本 54 元；5 月 23 日领用 900 件；5 月 31 日期末 700 件。根据以上资料使用加权平均法计算永续盘存制下期末存货成本和本期销售成本。(永续盘存制下的计算登记在存货明细账中，四舍五入保留两位小数)

存货明细账

日期	摘要	入库			发出			结存		
		数量	单价	金额	数量	单价	金额	数量	单价	金额

2. 资料：某公司 2007 年 12 月 31 日部分总账及其所属的明细账余额如下表：

2007 年 12 月 31 日部分账户余额

总分类账户	余 额		明细分类账户	余 额	
借方	贷方		借方	贷方	
原材料	72 000				
材料采购	20 000				
库存商品	45 000				
生产成本	30 000				
应收账款	80 000		甲公司	86 000	
			乙公司		6 000
预收账款			40 000	A 公司	60 000
			B 公司	20 000	
应交税费		17 000			
短期借款		80 000			

要求：根据上述资料计算并填列资产负债表中的空白项目。

资产负债表(简化格式)

2007 年 12 月 31 日　　单位：元

资 产	金 额	负债及所有者权益	金 额
货币资金	150 000	短期借款	( )
应收账款	( )	预收账款	( )
存货	( )	应付账款	80 000
固定资产原值	440 000	应交税费	( )
减：累计折旧	( )	实收资本	600 000
固定资产净值	400 000	未分配利润	－20 000
资产总计	823 000	负债及所有者权益总计	823 000

模拟试卷三参考答案

一、填空题

1. 权责发生制
2. 年数总和法　双倍余额递减法
3. 资产负债表
4. 成本法　权益法
5. 销售费用
6. 营业利润　营业外收入　营业外支出

二、单项选择题

1. C　2. B　3. B　4. C　5. C　6. D　7. D　8. C　9. D　10. C

三、多项选择题

1. ABC　2. ABCD　3. ABC　4. ABCD　5. BCD

四、判断改错题

1. √
2. ×　印花税就不通过。
3. ×　一般纳税人的增值税进项税额不计入成本。
4. ×　当月增加的固定资产，当月不应计提折旧。
5. ×　制造费用分配表不属于对外报送的报表。

五、会计分录题

1. 为甲公司 2007 年 3 月发生的下列业务编制会计分录：

(1)借：管理费用　　1 200
　　贷：库存现金　　　　1 200

(2)借：银行存款　　150 000
　　贷：短期借款　　　　150 000

(3)借：应交税费　　1 200
　　贷：银行存款　　　　1 200

(4)借：银行存款　　42 000
　　贷：预收账款　　　　42 000

(5)借：其他应收款　　5 000
　　贷：库存现金　　　　5 000

(6)借：库存商品　　60 000
　　贷：生产成本　　　　60 000

(7)借：销售费用　　21 000
　　贷：银行存款　　　　21 000

(8) 借：银行存款　　18 000
　　贷：应收账款　　　　18 000

2. 为乙公司 2007 年 5 月份发生的以下经济业务分别编制会计分录：

(1)借：原材料(或在途物资)　　90 500
　　应交税费－应交增值税(进项税额)　　15 300
　　贷：应付账款　　　　105 800

(2)借：生产成本——A 产品　　50 000
　　　　　　——B 产品　　40 000
　　制造费用　　6 000
　　贷：原材料　　　　96 000

(3)借：生产成本——A 产品　　60 000

——B 产品　　50 000
制造费用　　10 000
管理费用　　12 000
贷:应付职工薪酬　　132 000
(4)借:制造费用　　20 000
管理费用　　10 000
贷:累计折旧　　30 000
(5)借:生产成本——A 产品　　42 000
——B 产品　　28 000
贷:制造费用　　70 000
(6)借:银行存款　　102 000
贷:应收票据　　100 000
财务费用　　2 000
(7)借:管理费用　　6 430
库存现金　　570
贷:其他应收款　　7 000
(8)借:主营业务收入　　390 000
其他业务收入　　25 000
投资收益　　80 000
贷:本年利润　　495 000

六、计算分析题

1. 存货明细账

日期	摘要	入库			发出			结存		
		数量	单价	金额	数量	单价	金额	数量	单价	金额
5.1	期初余额							500	50	25 000
5.2	发出				300			200		
5.5	购进	1 000	52	52 000				1 200		

续　表

日期	摘要	入库			发出			结存		
		数量	单价	金额	数量	单价	金额	数量	单价	金额
5.10	发出				800			400		
5.20	购进	1 200	54	64 800				1 600		
5.23	发出				900					
5.31	本月合计	2 200		116 800	2 000	52.52	105 040	700	52.52	36 764

永续盘存制下：

期末存货的成本＝36 764(元)

本期销售成本＝105 040(元)

2.

资产负债表(简化格式)

2007 年 12 月 31 日　　　　单位:元

资　产	金　额	负债及所有者权益	金　额
货币资金	150 000	短期借款	(80 000)
应收账款	(106 000)	预收账款	(66 000)
存货	(167 000)	应付账款	80 000
固定资产原值	440 000	应交税费	(17 000)
减:累计折旧	(40 000)	实收资本	600 000
固定资产净值	400 000	未分配利润	－20 000
资产总计	823 000	负债及所有者权益总计	823 000

模拟试卷四

一、单项选择题(在备选答案中选取一个最佳答案。每小题 1 分,共 20 分)

1. “固定资产”账户是反映企业固定资产的(　　)。

A. 原始价值　　B. 累计折旧

C. 磨损价值　　D. 净值

2. 明确会计工作空间范围的基本前提是(　　)。

A. 持续经营　　B. 会计主体

C. 会计分期　　D. 货币计量

3. “本年利润”账户的期末贷方余额表示(　　)。

A. 本期实现的净利润　　B. 本期实现的利润总额

C. 本年累计实现的净利润　　D. 本年累计实现的利润总额

4. “主营业务收入”明细分类账账页格式适于采用(　　)。

A. 三栏式　　B. 数量金额式

C. 借方多栏式　　D. 贷方多栏式

5. 融资租赁租入固定资产视同自有固定资产体现了会计信息质量要求中的(　　)。

A. 实质重于形式　　B. 谨慎性

C. 重要性　　D. 可靠性

6. 某企业 10 月末负债总额 1 500 万元。11 月份收回应收账款 150 万元存入银行,用银行存款偿还应付账款 200 万元,预付购货款 100 万元。该企业 11 月末负债总额为(　　)。

A. 1 300 万元　　B. 1 350 万元

C. 1 600 万元　　D. 1 850 万元

7. “生产成本”账户期末余额表示(　　)。

A. 本期在产品的生产成本　　B. 本期完工产品的生产成本

C. 期末在产品的生产成本　　D. 期末完工产品的生产成本

8. 企业开具的增值税专用发票属于(　　)。

A. 一次凭证　　B. 汇总原始凭证

C. 累计凭证　　D. 记账编制凭证

9. 赊销商品 10 万元，填制记账凭证时，误将借方科目填写为“应付账款”，并据此登记入账。更正此错账应采用的方法是(　　)。

A. 划线更正法　　B. 补充登记法

C. 红字更正法　　D. 刮擦涂改法

10. 由静态三要素组成的会计等式是(　　)。

A. 资产＝负债＋所有者权益

B. 资产＝负债＋权益

C. 收入－费用＝利润

D. 资产＋费用＝负债＋所有者权益

11. 下列经济业务能引起资产与收入同时变动的是(　　)。

A. 赊销商品　　B. 从银行提取现金

C. 预付货款　　D. 从银行借款存入银行

12. 2014 年 1 月 1 日，甲公司所有者权益各项目金额如下：实收资本 1 000 000 元，资本公积 200 000 元，盈余公积 180 000 元，未分配利润 120 000 元。则该公司 2014 年 1 月 1 日的留存收益为(　　)。

A. 1 000 000 元　　B. 500 000 元

C. 300 000 元　　D. 1 500 000 元

13. 企业发生的公益性捐赠支出应计入(　　)。

A. 管理费用　　B. 生产成本

C. 营业外支出　　D. 其他业务成本

14. (　　)又称为实际成本，是指为取得或制造某项财产物资实际支付的现金或其他等价物。

A. 历史成本　　B. 重置成本

C. 现值　　D. 公允价值

15. 下列经济业务中,不可能发生的是(　　)。

A. 一项资产减少、一项负债等额减少的经济业务

B. 一项负债增加、另一项负债等额减少的经济业务

C. 一项负债增加、一项所有者权益等额增加的经济业务

D. 一项资产增加、一项所有者权益等额增加的经济业务

16. 根据国家统一会计制度规定,我国企业的资产负债表采用(　　)。

A. 账户式　　B. 报告式

C. 单步式　　D. 多步式

17. 下列账户中,年末结转后一定没有余额的账户有(　　)。

A. 银行存款　　B. 长期借款

C. 本年利润　　D. 资本公积

18. 下列错误中能通过试算平衡查找的有(　　)。

A. 某项经济业务重复记账

B. 某项经济业务未记账

C. 应借应贷账户中借贷方向颠倒

D. 应借应贷账户中借贷金额不相等

19. 下列不属于利润表项目的是(　　)。

A. 未分配利润　　B. 营业利润

C. 利润总额　　D. 净利润

20. 下列会计科目中,不属于成本类科目的是(　　)。

A. 劳务成本　　B. 制造费用

C. 主营业务成本　　D. 生产成本

二、多项选择题(本大题共 5 小题,每小题 2 分,共 10 分。多选少选、错选均无分。)

1. 下列各项中,属于会计信息质量要求的有(　　)。

A. 重要性　　B. 可比性
C. 相关性　　D. 可靠性

2. 借贷记账法下，账户贷方登记的内容有(　　)。

A. 收入增加额　　B. 费用减少额
C. 所有者权益增加额　　D. 负债减少额

3. 下列各项中，影响企业营业利润的有(　　)。

A. 营业外收入　　B. 投资收益
C. 管理费用　　D. 主营业务收入

4. 下列各项中，属于产品生产成本内容的有(　　)。

A. 其他业务成本　　B. 直接人工成本
C. 制造费用　　D. 直接材料成本

5. 下列各项中，属于所有者权益的有(　　)。

A. 实收资本　　B. 资本公积
C. 未分配利润　　D. 应付股利

三、简答题(本大题共 2 小题，每小题 5 分，共 10 分)

1. 什么是资产？资产具有哪些基本特征？
2. 简述会计要素的计量属性。

四、会计分录题(本大题共 20 小题，每小题 2 分，共 40 分)

长江公司属于增值税一般纳税人(增值税率 17%)，生产 A、B 两种产品，商品销售价格不含增值税，确认销售收入时逐笔结转销售成本。2014 年 12 月份发生部分经济业务如下，要求分别编制相关会计分录。

1. 收到黄河公司投入的一台设备，该设备在黄河公司的账面价值为 110 000 元，双方最终确认的价值为 100 000 元。

2. 向银行借入期限为 3 个月的借款 90 000 元，所借的款项存入银行。

3. 用银行存款 30 000 元预付红光公司甲材料货款。

4. 收到红光公司发来的甲材料，并验收入库，该材料的买价 40 000 元，增值税 6 800 元。款项不足部分用银行存款补付。

5. 购入一台不需要安装的设备，发票价格 200 000 元，增值税 34 000 元，发生运杂费 10 000 元。款项已全部付清。

6. 用银行存款支付本月水电费 8 000 元，其中车间 5 000 元、行政管理部门 3 000 元。

7. 甲材料的领用情况如下：生产 A 产品领用 10 000 元，生产 B 产品领用 8 000 元，车间一般耗用 7 000 元。

8. 本月工资费用分配如下：生产 A 产品的工人工资 150 000 元，生产 B 产品的工人工资 120 000 元，车间管理人员工资 60 000 元，行政管理部门人员工资 40 000 元。

9. 月末分配结转制造费用。已知 A 产品生产工时为 100 小时，B 产品生产工时为 80 小时，制造费用按生产工时比例分配。

10. 结转本月完工产品成本，已知 A、B 产品全部完工，其中 A 产品 400 件，总成本为 200 000 元，B 产品 200 件，总成本为 160 000 元。

11. 销售 A 产品 100 件，单位售价 600 元，产品已发出，货款及增值税税款暂未收到。

12. 销售 B 产品 100 件，单位售价 1 000 元，产品已发出，收到一张 3 个月期、面值为 117 000 元的商业承兑汇票。

13. 收到客户所欠货款 65 000 元，存入银行。

14. 用银行存款支付商品销售过程中发生的广告费 300 000 元。

15. 结转固定资产清理净收益 50 000 元。

16. 用银行存款支付本季度短期借款利息 3 000 元，其中本季度前 2 个月已预提 2 000 元。

17. 发生公益性捐赠 40 000 元，通过银行转账支付。

18. 上年度已注销的坏账 2 000 元又收回，款项已存入银行。

19. 年末将“本年利润”科目贷方余额 350 000 元结转至未分配利润。

20. 董事会决定分配现金股利 20 000 元。

五、计算分析题(本大题共 2 小题,每小题 5 分,共 10 分。每步骤运算得数精确到小数点后两位)

1. 某公司 2014 年 5 月采购 A、B 两种材料共支付运杂费 4 000 元,已知采购 A 材料 1 400 吨、B 材料 600 吨。材料已验收入库。

请按重量比例分摊方法,计算分摊率和 A、B 两种材料应分摊的运杂费,并编制相关的会计分录。

2. 某公司于 2010 年 12 月购入一台设备,无需安装。该设备的原始价值为 310 000 元,预计使用 5 年,预计报废时的净残值为 10 000 元,要求采用年数总和法计算该设备各年的折旧额。

六、综合题(本大题共 1 小题,总分 10 分。每步骤运算得数精确到小数点后两位)

资料:(1)2014 年 12 月 31 日发达公司部分账户余额如下:

单位:元

账户名称	总账余额	明细账余额
库存现金	10 000(借方)	
银行存款	220 000(借方)	
其它货币资金	70 000(借方)	
应收账款	250 000(借方)	A 公司 280 000(借方)
		B 公司 30 000(贷方)
预收账款	90 000(贷方)	C 公司 90 000(贷方)
坏账准备	10 000(贷方)	应收账款 10 000(贷方)
在途物资	50 000(借方)	
原材料	150 000(借方)	
周转材料	30 000(借方)	
库存商品	120 000(借方)	

续　表

账户名称	总账余额	明细账余额
固定资产	600 000(借方)	
累计折旧	150 000(贷方)	

(2) 发达公司 2014 年财务报表显示有关数据如下:

流动资产:4 200 000 元　流动负债:2 000 000 元

资产总额:8 000 000 元　负债总额:6 000 000 元

营业收入:12 000 000 元　净利润:960 000 元

要求:

(1)计算发达公司 2014 年 12 月 31 日资产负债表中下列项目的数额:

①货币资金

②应收账款

③预收账款

④存货

⑤固定资产

(2)计算下列指标:

①流动比率

②资产负债率

③流动资产周转率

④销售净利率

⑤净资产收益率

模拟试卷四答案答案

一、单项选择题

1. A　2. B　3. C　4. D　5. A　6. A　7. C　8. A　9. C　10. A　11. A　12. C　13. C　14. A　15. C　16. A　17. C　18. D　19. A　20. C

二、多项选择题

1. ABCD　2. ABC　3. BCD　4. BCD　5. ABC

三、简答题

1. 资产是指企业过去的交易或事项形成的、由企业拥有或者控制的，预期会给企业带来经济利益的资源。

资产具有以下特征：

(1)资产是企业拥有或控制的资源；

(2)资产预期会给企业带来经济利益，也就是指直接或者间接导致现金和现金等价物流入企业的潜力；

(3)资产是由企业在过去发生的交易、事项所形成的。

2. 会计要素的计量属性反映的是会计要素金额的确定基础，主要包括历史成本、重置成本、可变现净值、现值和公允价值。

(1)历史成本：历史成本又称实际成本或原始成本，是取得或制造某项财产物资所实际支付的现金或其他等价物。

在历史成本计量下，资产按照购置时支付的现金或者现金等价物的金额，或者按照购置资产时所付出的对价的公允价值计量。负债按照因承担现时义务而实际收到的款项或者资产的金额，或者承担现时义务的合同金额，或者按照日常活动中为偿还负债预期需要支付的现金或者现金等价物的金额计量。

(2)重置成本：重置成本又称为现行成本，是指按照当前市场条件，重新取得同样一项资产而需支付的现金或现金等价物的金额。

在重置成本计量下，资产按照现在购买相同或者相似的资产所需支付的现金或者现金等价物的金额计量。负债按照偿付该项负债所需支付的现金或者现金等价物的金额计量。

(3)可变现净值：是指在正常经营过程中，以预计售价减去进一步加工成本和预计销售费用以及相关税费后的净值。

在可变现净值计量下，资产按照其正常对外销售所能收到现金或者现金等价物的金额扣减该资产至完工时估计将要发生的成本、估计的销售费用以及相关税费后的金额计量。

(4)现值：现值是未来现金流量现值的简称，是对未来现金流量以恰当的折现率进行折现后的价值，是考虑货币时间价值的一种计量属性。

在现值计量下，资产按照预计从其持续使用和最终处置中所产生的未来净现金流入量的折现金额计量。负债按照预计期限内需要偿还的未来净现金流出量的折现金额计量。

(5)公允价值：公允价值是指在公平交易中，熟悉情况的当事人自愿据以进行资产交换或负债清偿的金额。

在公允价值计量下，资产和负债按照在公平交易中，熟悉情况的交易双方自愿进行资产交换或者债务清偿的金额计量。

企业在对会计要素进行计量时，一般应当采用历史成本，采用重置成本、可变现净值、现值、公允价值计量的，应当保证所确定的会计要素金额能够取得并可靠计量。

四、会计分录题

1. 借:固定资产	100 000	
贷:实收资本		100 000
2. 借:银行存款	90 000	
贷:短期借款		90 000
3. 借:预付账款	30 000	
贷:银行存款		30 000
4. 借:原材料——甲材料	40 000	
应交税费一应交增值税(进项税额)	6 800	
贷:预付账款		30 000
银行存款		16 800
5. 借:固定资产	210 000	
应交税费一应交增值税(进项税额)	34 000	
贷:银行存款		244 000
6. 借:制造费用	5 000	
管理费用	3 000	
贷:银行存款		8 000
7. 借:生产成本——A 产品	10 000	
——B 产品	8 000	
制造费用	7 000	
贷:原材料——甲材料		25 000
8. 借:生产成本——A 产品	150 000	
——B 产品	120 000	
制造费用	60 000	
管理费用	40 000	
贷:应付职工薪酬		370 000

9. 分配率＝72 000÷(100＋80)＝400(元/小时)

A 产品应承担的制造费用:400×100＝40 000(元)

B 产品应承担的制造费用:400×80=32 000(元)

借:生产成本——A 产品 40 000

——B 产品 32 000

贷:制造费用 72 000

10. 借:库存商品——A 产品 200 000

——B 产品 160 000

贷:生产成本——A 产品 200 000

——B 产品 160 000

11. 借:应收账款 70 200

贷:主营业务收入 60 000

应交税费一应交增值税(销项税额) 10 200

12. 借:应收票据 117 000

贷:主营业务收入 100 000

应交税费——应交增值税(销项税额) 17 000

13. 借:银行存款 65 000

贷:应收账款 65 000

14. 借:销售费用 300 000

贷:银行存款 300 000

15. 借:固定资产清理 50 000

贷:营业外收入 50 000

16. 借:应付利息 2 000

财务费用 1 000

贷:银行存款 3 000

17. 借:营业外支出 40 000

贷:银行存款 40 000

18. 借:应收账款 2 000

贷:坏账准备 2 000

借:银行存款 2 000

贷:应收账款 2 000

19. 借:本年利润　350 000

　　贷:利润分配——未分配利润　350 000

20. 借:利润分配——应付现金股利　20 000

　　贷:应付股利　20 000

五、计算分析题

1. 分摊率＝4 000÷(1 400＋600)＝2(元/吨)

A 材料应分摊的运杂费＝2×1 400＝2 800(元)

B 材料应分摊的运杂费＝2×600＝1 200(元)

会计分录:

借:原材料——A 材料　2 800

　　　　——B 材料　1 200

　贷:银行存款　4 000

2. 2011 年应计提折旧额:(310 000－ 10 000)×5÷15＝100 000(元)

2012 年应计提折旧额:(310 000－ 10 000)×4÷15＝80 000(元)

2013 年应计提折旧额:(310 000－ 10 000)×3÷15＝60 000(元)

2014 年应计提折旧额:(310 000－ 10 000)×2÷15＝40 000(元)

2015 年应计提折旧额:(310 000－ 10 000)×1÷15＝20 000(元)

六、综合题

(1)①货币资金:10 000＋220 000＋70 000＝300 000(元)

②应收账款:280 000－10 000＝270 000(元)

③预收账款:30 000＋90 000＝120 000(元)

④存货:50 000＋150 000＋30 000＋120 000＝350 000(元)

⑤固定资产:600 000－150 000＝450 000(元)

(2)①流动比率:4 200 000÷2 000 000＝2.1

②资产负债率: 6 000 000÷8 000 000×100％＝75％

③总资产周转率：12 000 000÷8 000 000＝1.5

④销售净利率:960 000÷12 000 000×100％＝8％

⑤净资产收益率:960 000÷2 000 000×100％＝48％

模拟试卷五

一、单项选择题(在备选答案中选取最佳答案。每小题 1 分,共 20 分)

1. 下列项目中,不属于期间费用的是(　　)。

A. 制造费用　　B. 管理费用

C. 财务费用　　D. 销售费用

2. 下列会计凭证中,属于原始凭证的是(　　)。

A. 收款凭证　　B. 科目汇总表

C. 收料单　　D. 银行存款余额调节表

3. 月末对“制造费用”进行分配并转账,应转入(　　)账户。

A. 财务费用　　B. 管理费用

C. 生产成本　　D. 主营业务成本

4. “应付账款”账户期初贷方余额 8 000 元,本期贷方发生额 12 000 元,本期借方发生额 14 000 元。该账户的期末余额为(　　)。

A. 2 000 元　　B. 4 000 元

C. 6 000 元　　D. 10 000 元

5. 编制记账凭证的依据是审核无误的(　　)。

A. 转账凭证　　B. 原始凭证

C. 收款凭证　　D. 付款凭证

6. “累计折旧”账户期初余额 50 000 元,本期借方发生额 10 000 元,本期贷方发生额 20 000 元,则该账户的期末余额为(　　)。

A. 借方余额 60 000 元　　B. 贷方余额 60 000 元

C. 贷方余额 40 000 元　　D. 借方余额 40 000 元

7. 银行存款日记账应根据有关会计凭证(　　)。

A. 逐日逐笔登记　　B. 逐日汇总登记

C. 定期汇总登记　　D. 一次汇总登记

8. 企业从金融机构取得为期3年的借款,会计上应将其确认为(　　)。

A. 短期借款　　B. 长期借款

C. 应付票据　　D. 应付账款

9. 我国企业资产负债表通常采用的列报格式是(　　)。

A. 单步式　　B. 账户式

C. 多步式　　D. 报告式

10. 关于会计核算的基本前提。下列说法中不正确的是(　　)。

A. 会计基本假设包括会计主体、持续经营、会计分期和货币计量

B. 如果企业发生破产清算,经相关部门批准后,可以继续适应持续经营假设

C. 在我国,以公历年度作为企业的会计年度,即公历1月1日至12月31日

D. 会计的货币计量假设,包含了两层含义,一是以货币作为会计的统一计量单位;二是作为会计计量单位的货币,其币值是稳定不变的

11. 企业向银行借入一笔款项,直接用于偿还购买材料的应付账款。关于这笔经济业务,以下说法正确的是(　　)。

A. 导致资产增加、负债减少

B. 导致资产减少、负债增加

C. 导致负债内部增减变动,总额不变

D. 导致负债减少、所有者权益增加

12. 资产负债表中"货币资金"项目填列的依据是(　　)。

A. "库存现金"账户期末余额

B. "银行存款"账户期末余额

C. "其他货币资金"账户期末余额

D. “库存现金”、“银行存款”、“其他货币资金”账户期末余额之和

13. 记账后发现记账凭证中会计科目、记账方向正确，但所记金额大于应记金额，更正此错误应采用(　　)。

A. 划线更正法　　B. 红字更正法

C. 补充登记法　　D. 蓝字更正法

14. 借贷记账法下，账户的借方登记(　　)。

A. 费用的减少额　　B. 资产的增加额

C. 负债的增加额　　D. 所有者权益的增加额

15. 从账簿外表形式看，银行存款日记账应采用(　　)。

A. 活页式账簿　　B. 卡片式账簿

C. 分类式账簿　　D. 订本式账簿

16. 资产类账户期末余额的计算方法是(　　)。

A. 期末余额＝本期增加发生额－本期减少发生额

B. 期末余额＝期初余额＋本期借方发生额－本期贷方发生额

C. 期末余额＝期初余额＋本期贷方发生额－本期借方发生额

D. 期末余额＝本期借方发生额－本期贷方发生额

17. 在利润表中，净利润等于利润额减去(　　)。

A. 应交所得税　　B. 利润分配数

C. 期间费用　　D. 所得税费用

18. 反映企业一定期间的经营成果的报表是(　　)。

A. 资产负债表　　B. 利润表

C. 现金流量表　　D. 所有者权益变动表

19. 我国企业对会计要素进行计量时，目前使用最广泛的计量属性是(　　)。

A. 历史成本　　B. 重置成本

C. 公允价值　　D. 现值

20. 下列账户中，期末一般没有余额的是(　　)。

A. 生产成本　　B. 应交税费

C. 制造费用　　D. 累计折旧

二、多项选择题(本大题共 5 小题,每小题 2 分,共 10 分。多选少选、错选均无分。)

1. 按照来源不同,原始凭证可分为(　　)。

A. 外来原始凭证　　B. 自制原始凭证

C. 记账凭证　　D. 通用原始凭证

2. 下列属于流动资产的有(　　)。

A. 应收账款　　B. 应收票据

C. 预付账款　　D. 预收账款

3. 下列采用订本式账簿的有(　　)。

A. 总分类账　　B. 现金日记账

C. 银行存款日记账　　D. 固定资产明细账

4. 下列选项中,属于利润表要素的有(　　)。

A. 资产　　B. 利润

C. 收入　　D. 所有者权益

5. 按照清查时间分类,财产清查可分为(　　)。

A. 全面清查　　B. 定期清查

C. 局部清查　　D. 不定期清查

三、简答题(本大题共 2 小题,每小题 5 分,共 10 分)

1. 什么是负债?负债具有哪些基本特征?

2. 简述会计核算的基本前提。

四、会计分录题(本大题共 20 小题,每小题 2 分,共 40 分)

长江公司属于增值税一般纳税人(增值税率 17%),2014 年 12 月份发生部分经济业务如下,要求分别编制相关会计分录。

1. 收到 A 公司投入的 100 000 元货币资金,存入银行。

2. 向银行借入期限为 3 年的借款 600 000 元,所借的款项存入银行。

3. 收到上月应收货款 80 000 元存入银行。

4. 购入甲材料 200 吨,每吨买价 200 元,价款 40 000 元,增值税 6 800 元。全部款项均以银行存款支付,材料已验收入库。

5. 购入一台需要安装的设备,发票价格 20 000 元,增值税 3 400 元,发生运杂费 200 元。均已银行存款支付。

6. 安装上述设备耗用甲材料 1 800 元,耗用人工 2 000 元。

7. 上述设备安装完工,达到预定可使用状态。

8. 计提当月短期借款利息 5 000 元。

9. 用银行存款购买办公用品 2 000 元。

10. 以银行存款支付车间办公用品费 1 000 元。

11. 计提本月固定资产折旧 5 000 元,其中车间用固定资产折旧 4 000 元,管理用固定资产折旧 1 000 元。

12. 结转本月制造费用 8 000 元,计入产品成本。

13. 用银行存款实际支付职工工资 100 000 元。

14. 生产车间向仓库领用甲材料 20 000 元,全部投入生产。

15. 收到 A 公司预付购买甲商品的货款 30 000 元,已存入银行。

16. 按合同向 A 公司发出甲商品 100 件,每件售价 500 元,增值税 8 500 元,同时收到了 A 公司补付的剩余款项,并存入银行。

17. 向 B 公司销售产品一批,销售价总额为 60 000 元,增值税 10 200 元。产品已交付 B 公司,款项已收到存入银行。

18. 计提坏账准备 10 000 元。

19. 以银行存款 18 000 元归还短期借款 15 000 元,归还应付货款 3 000 元。

20. 年末将“本年利润”科目贷方余额 50 000 元结转至未分配利润。

五、计算分析题(本大题共 2 小题,每小题 5 分,共 10 分)

1. 某公司 2015 年 9 月 1 月结存丙材料 1 000 件,单位成本 12 元/件;9 月 5 日购入 3 000 件,单位成本 16 元/件;9 月 10 日发出 2 000 件;

9 月 18 日购入 4 000 件，单位成本 15 元/件；9 月 25 日发出 3 000 件。该公司存货采用永续盘存制。

要求采用加权平均法计算该公司 9 月份发出的丙材料的成本和 9 月末结存的丙材料的成本。

2. 某公司于 2010 年 12 月购入一台设备，无需安装。该设备的原始价值为 310 000 元，预计使用 5 年，预计报废时的净残值为 10 000 元，要求采用年数总和法计算该设备各年的折旧额。

六、综合题（本大题共 1 小题，总分 10 分。每步骤运算得数精确到小数点后两位）

资料：(1)2014 年 12 月 31 日发达公司部分账户余额如下：

单位：元

账户名称	总账余额	明细账余额
库存现金	10 000（借方）	
银行存款	220 000（借方）	
其它货币资金	70 000（借方）	
应收账款	250 000（借方）	A 公司 280 000（借方）
		B 公司 30 000（贷方）
预收账款	90 000（贷方）	C 公司 90 000（贷方）
坏账准备	10 000（贷方）	应收账款 10 000（贷方）
在途物资	50 000（借方）	
原材料	150 000（借方）	
周转材料	30 000（借方）	
库存商品	120 000（借方）	
固定资产	600 000（借方）	
累计折旧	150 000（贷方）	

(2) 发达公司 2014 年财务报表显示有关数据如下：

流动资产:4 200 000 元　　流动负债:2 000 000 元

资产总额:8 000 000 元　　负债总额:6 000 000 元

营业收入:12 000 000 元　　净利润:960 000 元

要求：

(1)计算发达公司 2014 年 12 月 31 日资产负债表中下列项目的数额：

①货币资金

②应收账款

③预收账款

④存货

⑤固定资产

(2)计算下列指标：

①流动比率

②资产负债率

③流动资产周转率

④销售净利率

⑤净资产收益率

模拟试卷五参考答案

一、单项选择题

1. A　2. C　3. C　4. C　5. B　6. B　7. A　8. B　9. B　10. B　11. C　12. D　13. B　14. B　15. D　16. B　17. D　18. B　19. A　20. C

二、多项选择题

1. AB　2. ABC　3. ABC　4. BC　5. BD

三、简答题

1. 负债是指企业过去的交易或者事项形成的、预期会导致经济利益流出企业的现时义务。

负债具有以下特征：

(1)负债是企业承担的现时义务；

(2)负债的清偿预期会导致经济利益流出企业；

(3)负债是由企业过去的交易或者事项形成的。

2. 会计核算的基本前提又称为会计假设，是指会计核算中对某些未被确切认识的、但对会计工作有着重大影响的问题，根据客观情况和趋势所作出的合理判断。

会计核算的基本前提，包括会计主体、持续经营、会计分期和货币计量。

会计主体是指会计工作为其服务的特定单位或组织，它明确了会计活动的空间范围。

持续经营是指会计主体在可以预见的将来，其经营活动将持续不断地进行下去，不会面临破产和清算，它明确的是会计核算的时间范围。

会计分期假设是指在会计核算时，将持续不断的生产经营活动人为地划分为一定的期间，以便分期结算账目，编制会计报表，及时为使用者提供会计信息。

货币计量是指在会计核算过程中采用货币作为计量单位，反映会计主体的经营活动和财务状况。

四、会计分录题

1. 借：银行存款	100 000	
贷：实收资本		100 000
2. 借：银行存款	600 000	
贷：长期借款		600 000
3. 借：银行存款	80 000	
贷：应收账款		80 000
4. 借：原材料——甲材料	40 000	
应交税费——应交增值税(进项税额)	6 800	
贷：银行存款		46 800
5. 借：在建工程	20 200	
应交税费——应交增值税(进项税额)	3 400	
贷：银行存款		236 00
6. 借：在建工程	3 800	
贷：原材料——甲材料		1 800
应付职工薪酬		2 000
7. 借：固定资产	24 000	
贷：在建工程		24 000
8. 借：财务费用	5 000	

贷:应付利息		5 000
9. 借:管理费用	2 000	
贷:银行存款		2 000
10. 借:制造费用	1 000	
贷:银行存款		1 000
11. 借:制造费用	4 000	
管理费用	1 000	
贷:累计折旧		5 000
12. 借:生产成本	8 000	
贷:制造费用		8 000
13. 借:应付职工薪酬	100 000	
贷:银行存款		100 000
14. 借:生产成本	20 000	
贷:原材料——甲材料		20 000
15. 借:银行存款	30 000	
贷:预收账款		30 000
16. 借:预收账款	30 000	
银行存款	28 500	
贷:主营业务收入		50 000
应交税费——应交增值税(销项税额)		8 500
17. 借:银行存款	70 200	
贷:主营业务收入		60 000
应交税费——应交增值税(销项税额)		10 200
18. 借:资产减值损失	10 000	
贷:坏账准备		10 000
19. 借:短期借款	15 000	
应付账款	3 000	
贷:银行存款		18 000
20. 借:本年利润	50 000	

贷:利润分配——未分配利润　　50 000

五、计算分析题

1. 存货加权平均单位成本=(1 000×12+3 000×16+4 000×15)÷(1 000+3 000+4 000)

=15(元/件)

9 月份发出的丙材料成本=(2 000+3 000)×15=75 000(元)

9 月份结存的丙材料成本=(1 000+3 000-2 000+4 000-3 000)×15=45 000(元)

2. 2011 年应计提折旧额:(310 000-10 000)×5÷15=100 000(元)

2012 年应计提折旧额:(310 000-10 000)×4÷15=80 000(元)

2013 年应计提折旧额:(310 000-10 000)×3÷15=60 000(元)

2014 年应计提折旧额:(310 000-10 000)×2÷15=40 000(元)

2015 年应计提折旧额:(310 000-10 000)×1÷15=20 000(元)

六、综合题

(1)

①货币资金:10 000+220 000+70 000=300 000(元)

②应收账款:280 000-10 000=270 000(元)

③预收账款:30 000+90 000=120 000(元)

④存货:50 000+150 000+30 000+120 000=350 000(元)

⑤固定资产:600 000-150 000=450 000(元)

(2)

①流动比率:4 200 000÷2 000 000=2.1

②资产负债率:6 000 000÷8 000 000×100%=75%

③总资产周转率:12 000 000÷8 000 000=1.5

④销售净利率：960 000÷12 000 000×100%=8%

⑤净资产收益率：960 000÷2 000 000×100%=48%